D1935359

Peter Schmidt

Stundenblätter Die Römer in Deutschland

Sekundarstufe I

Beilagen:
19 Seiten Stundenblätter
+ 10 Arbeitsblätter zum Kopieren

Ernst Klett Verlag

Die Stundenblätter Geschichte/Gemeinschaftskunde
werden herausgegeben von
Prof. Gerhart Maier und Dr. phil. Hans Georg Müller

CIP-Kurztitelaufnahme der Deutschen Bibliothek

Schmidt, Peter:
Stundenblätter Die Römer in Deutschland:
Sekundarstufe I / Peter Schmidt.
1. Aufl. – Stuttgart: Klett, 1985.
(Stundenblätter Geschichte/Gemeinschaftskunde)
ISBN 3-12-927841-9

ISBN 3-12-927841-9

1. Auflage 1985
Alle Rechte vorbehalten
Der Verlag genehmigt die Vervielfältigung der entsprechend gekennzeichneten Seiten in der Beilage. Im Kaufpreis ist die Gebühr für Kopien dieser Seiten zur Ausgabe an Schüler enthalten.
Fotomechanische Wiedergabe nur mit Genehmigung des Verlages
© Ernst Klett Verlage GmbH & Co. KG, Stuttgart 1985
Satz: G. Müller, Heilbronn, und Wilhelm Röck, Weinsberg
Druck: Wilhelm Röck, Weinsberg
Einbandgestaltung: Zembsch' Werkstatt, München

Inhalt

Vorwort

Das vorliegende Heft versteht sich als praxisorientiertes Angebot für den Lehrenden in der Sekundarstufe I aller Schularten. Die Konzeption zielt darauf ab, daß der Lehrer je nach Lehrplanvorgabe und zur Verfügung stehender Zeit in freier Auswahl entweder Einzelstunden oder aber einen oder mehrere Themenblöcke in die Behandlung des Gesamtthemas „Römische Geschichte“ einbauen kann. Die Stundenthemen sind daher so strukturiert, daß eine weitgehende freie Kombination von Einzelstunden möglich ist.
Ein vielschichtiges Materialangebot, die Unterbreitung verschiedener Einstiegsvarianten in einzelne Stundenthemen sowie Hinweise auf Möglichkeiten zu Exkursen und Erweiterungen einzelner Themenkreise eröffnen dem Unterrichtenden zahlreiche Möglichkeiten, den Stoff an das Können und die Situation seiner Lerngruppe anzupassen. Insofern bleibt es dem Lehrer nicht erspart, sich im Rahmen seiner Stundenvorbereitung intensiv mit dem dargebotenen Material und seiner Anordnung auseinanderzusetzen, eigene Schwerpunkte zu bilden und inhaltlich wie formal eine Auswahl zu treffen, die seinem eigenen Anspruch und Standpunkt gerecht wird.
In größerem Umfang als es die meisten gängigen Lehrbücher tun, wurde bei der Stundenkonzeption auf epigraphisches und archäologisches Material zurückgegriffen, um einerseits dem Schüler auch die Gegenstände und Methoden der Erforschung des Altertums nahezubringen und andererseits dem Bedürfnis der anzusprechenden Altersstufe nach Anschaulichkeit entgegenzukommen.
Eine Liste von Museen mit römischer Sammlung sowie knappe, allgemeine Hinweise auf die Arbeit mit Schülern im Museum sollen dazu beitragen, Teile des Unterrichts aus dem Lernort Schule in das Museum zu verlagern und dem Lehrer die Vorbereitung hierfür zu erleichtern.

I. Fachwissenschaftliche Aspekte des Themas

Die nachfolgenden Bemerkungen sind als Einführung in das Thema dieses Heftes gedacht und sollen dem Lehrer gleichzeitig aus fachwissenschaftlicher Sicht Hintergrundinformationen zu den wichtigsten Themenschwerpunkten der Unterrichtseinheit liefern.
Darüber hinausgehende fachwissenschaftliche Hinweise zu einzelnen Stundenthemen wurden z. T. in die jeweiligen Vorbemerkungen zu den Stundenbeschreibungen aufgenommen.

1. Die Provinzialforschung in Deutschland

Obwohl römische Reste, im wesentlichen die des Limes, bereits seit dem 8. Jh. urkundlich erwähnt wurden, setzt das Interesse an den römischen Funden auf deutschem Boden und die Erkenntnis, worum es sich dabei wirklich handelt, erst mit dem Humanismus des ausgehenden Mittelalters ein. Die Wiederentdeckung der „Germania" des Tacitus um die Mitte des 15. Jahrhunderts belebt die Beschäftigung mit den römischen Spuren auf deutschem Boden, führt aber erst im 18. Jh. zu gezielten Ausgrabungen durch einheimische, meist fachunkundige Gelehrte. Beflügelt vom erwachenden Nationalismus des 19. Jahrhunderts, verstärkt sich insbesondere das Interesse für den Limes. 1877/78 werden in Bonn und Trier die ersten beiden Provinzialmuseen eingeweiht, 1892 die Reichslimeskommission gegründet und 1907, im Beisein des Kaisers, das rekonstruierte Saalburgkastell der Öffentlichkeit übergeben.
Nicht unbeteiligt an solchem Aufschwung des Geschichtsinteresses war die Veröffentlichung des 5. Bandes der Römischen Geschichte („Die Provinzen von Caesar bis Diocletian") von Theodor Mommsen im Jahre 1885, der die Provinzialgeschichte in einen neuen Rang erhob. „Damit war ein erster Versuch unternommen worden, die Geschichte der einzelnen Provinzen zu einem Ganzen zusammenzufassen." (Christ, K.: Römische Geschichte, S. 223)
Die wissenschaftliche Arbeit nach Mommsen wurde bestimmt durch eine Spezialisierung der Forschung und die Anwendung neuer Methoden; sie führte dazu, daß die wissenschaftliche Untersuchung der Provinzen zu einem Feld interdisziplinärer Forschung unter Führung der Provinzialarchäologie wurde. Mit der Einrichtung des ersten Lehrstuhls für Provinzialarchäologie an der damaligen „Reichsuniversität Straßburg" wurde der wachsenden Bedeutung dieser Disziplin für die Altertumswissenschaften Rechnung getragen. Die Ergebnisse der Provinzialforschung haben bis heute einen entscheidenden Einfluß auf die Kenntnisse der Geschichte des Römischen Reiches ausgeübt und bilden ein unschätzbares Korrektiv zu den schon längst bekannten archäologischen und literarischen Überlieferungen des Mittelmeerraums.

2. Die Ausdehnung Roms zum Weltreich

Die Frage nach dem Charakter und den Motiven der römischen Weltherrschaft beschäftigt die Forschung bis heute, hat jedoch trotz kontroverser Diskussion noch keine abschließende Antwort hervorgebracht. Fast zwangsläufig taucht in diesem Zusammenhang immer wieder der Begriff „römischer Imperialismus" auf, wobei über den Bedeutungsgehalt dieses Begriffes im Zusammenhang mit der römischen Geschichte keinerlei Klarheit besteht. Gleiches gilt für den Zeitraum innerhalb der römischen Geschichte, auf den der Imperialismusbegriff anzuwenden sei. „Übereinstimmung besteht lediglich darin, daß es in der Römischen Geschichte einen Imperialismus im Sinne Lenins nicht gab, aber gegen die Übertragung jener Assoziationen, die mit dem Imperialismusbegriff des späten 19. Jh. gegeben sind, werden selten Einwände erhoben oder Grenzen gezogen." (Christ, K.: a.a.O., S. 86)

Einerseits vertreten auch heute noch einige Wissenschaftler (M. Gelzer, H.-E. Stier, H.-D. Meyer, M. Holleaux u. a.), wenn auch in modifizierter Form, die These Th. Mommsens von der defensiven Außenpolitik, „der römischen Weltherrschaft wider Willen mit ihrer starken Betonung des Sicherheitsbedürfnisses und der Eroberungsfurcht" (Christ, K.: a.a.O., S. 87f.), andererseits sprechen Forscher wie J. Beloch, E. Badian, D. Timpe, D. Kienast und M. Rostovtzeff vom destruktiven Charakter der römischen Eroberungspolitik, durchgeführt im großen Stil und orientiert am Gedanken der Weltherrschaft Roms. Auch Zwischenpositionen gibt es, wie etwa die von A. Heuß, der zwar den Defensivcharakter der römischen Außenpolitik betont, römischen Imperialismus aber auch nicht bestreitet.

Was die möglichen Motive römischer Expansion betrifft, so ist das Spektrum der Erklärungsversuche ähnlich weit gefächert:

Angeregt durch die moderne Imperialismusforschung werden auch wirtschaftliche Motive heute nicht mehr ausgeschlossen, lassen sich aber aus dem bisherigen Quellenbefund noch nicht zweifelsfrei belegen. Rein praktische Motive führt Kienast ins Feld (Kienast, D.: Augustus. Prinzeps und Monarch. Darmstadt 1982, S. 275), indem er ausführt, daß die große Zahl der Truppen, über die Rom nach den Bürgerkriegen verfügte, beschäftigt werden mußte, indem ihre Energien nach außen abgelenkt wurden. Auch der Erfolgsdruck, entstanden durch Übertragung des Imperiums an die römischen Feldherrn, sowie die Chance zur Gewinnung und Befestigung gesellschaftlichen Prestiges für die adligen Führungseliten könnten eine Rolle gespielt haben. Nicht zuletzt erscheint es gesichert, „daß auch die römische plebs, durch die Aussicht auf Beute und materiellen Gewinn aufgeputscht, (. . .) das Ausgreifen bejahte und erst die erforderliche breite Basis für eine so lange andauernde Bewegung abgab" (Christ, K.: a.a.O., S. 88). Auch die „Pax Augusta", der augusteische Friedensgedanke, schloß Kriege zu seiner Verwirklichung nicht aus, sondern war im Gegenteil mit einer expansiven Politik durchaus vereinbar und stand zu ihr in einem engen Wechselverhältnis (vgl. Kienast, D.: a.a.O., S. 276). Dennoch ist es unwahrscheinlich, daß die Römer über ein geplantes, langfristiges Expansionsprogramm verfügten, das sie systematisch verfolgten.

3. Das römische Heer

Die Funktion des Heeres bei der Stärkung der Einheit des Reiches ist in der Forschung unbestritten, sowohl was den rein militärischen als auch was den kulturell-zivilisatorischen Aspekt dieser Funktion betrifft. Wichtigste Voraussetzung für die ungehinderte Ausweitung der römischen Grenzen seit der späten Republik war zweifellos die Heeresreform des Marius. Mit ihr endet die Geschichte der römischen Bürgermiliz und beginnt der Aufbau eines stehenden Heeres (vgl. Bengtson, H.: Römische Geschichte, S. 230), das sich nicht mehr nur allein aus römischen Besitzbürgern rekrutieren ließ, sondern nun auch Angehörige der großen sozialen Gruppe der „capite censi" aufnahm, die in früheren Zeiten nur im äußersten Notfall zum Wehrdienst herangezogen worden waren.
Neben dieser strukturellen Veränderung in der Zusammensetzung des Heeres und dem damit verbundenen Übergang zu einer neuen Kampftechnik (Kohortentaktik) wurde durch die marianische Reform insbesondere die Relation zwischen Politik und Militär verkehrt. Während früher die Einheit von politischer und militärischer Führung oft genug dazu führte, daß ein hoher Magistrat kraft Amtes auch zum Oberbefehlshaber der Truppe wurde, so qualifizierte sich nun ein Heerführer über seine militärischen Erfolge für ein politisches Amt. Nun besaß auch ein „homo novus" in einem ihm unterstellten Truppenteil eine „clientela", die sich durchaus auch politisch einsetzen ließ. Erste Anzeichen für eine solche Praxis lieferte spätestens das Vierkaiserjahr 68/69 n. Chr.
So gesehen bedeutete die Heeresreform des Marius nicht nur eine Umstrukturierung des Heeres, sondern gleichfalls die Einleitung eines machtpolitischen und gesellschaftlichen Wandels, der „früher oder später aus der Armee die wichtigste politische Formation erwachsen lassen mußte" (Christ, K.: a.a.O., S. 125). Die Einbeziehung ständiger Auxiliartruppen bildete seit Augustus einen festen Bestandteil der römischen Armee und führte so schon in der frühen Kaiserzeit zu einer Verdoppelung des römischen Heerespotentials (vgl. Kienast, D.: a.a.O., S. 268f.).
Neben dieser machtpolitisch-militärischen Komponente in der Funktion des römischen Heeres darf die Armee als Träger und Verbreiter römischer Lebensart, Kultur und Zivilisation nicht unterschätzt werden. Die allgegenwärtige Präsenz römischer Truppen vor allem in den Grenzbezirken des Weltreiches (in den germanischen Provinzen zeitweise zwischen vier und acht Legionen) führte zu einer starken Vereinheitlichung römischen Lebens im gesamten Reich. „Die lateinische Dienstsprache, die offizielle Heeresreligion mit dem Kult der Kaiser, der Fahnen, der Victoria und Disciplina wirkten für den übernationalen römischen Staatsgedanken" (Volkmann, H.: Grundzüge der römischen Geschichte, Darmstadt 1975, S. 93). Die Anlage militärischer und ziviler Bauten, die infrastrukturelle Erschließung der Provinzen durch Straßen und Brücken sind im wesentlichen der Anwesenheit römischer Truppen zu verdanken, förderten Urbanisierung und Handel und bildeten die entscheidende Grundlage für den Prozeß der Romanisierung (vgl. Kienast, D.: a.a.O., S. 269).
Die ständig wachsende Bedeutung der römischen Armee läßt sich besonders gut an der zahlenmäßigen Ausweitung der Legionen ablesen (1. Jh. n. Chr.: 25 Legionen, 3. Jh. n. Chr.: 33 Legionen), wie auch an der Umwandlung der Hilfstruppen in reguläre Einheiten im 3. Jh. n. Chr. Mit dem Ende des 2. Jh. fällt zudem die bis

dahin geltende Regelung, daß Hilfstruppen nur aus Nicht-Bürgern bestehen durften (vgl. Kraft, K.: Zur Rekrutierung der Alen und Kohorten an Rhein und Donau, Bonn 1951).

4. Zum Begriff der „Provinz Germanien"

Von *der* Provinz Germanien oder *den* germanischen Provinzen zu sprechen beinhaltet gewisse Ungenauigkeiten. Zwar gelang es Drusus in den Jahren 12–9 v. Chr., mit den römischen Rheinlegionen durch das Land der Chatten und Cherusker rechts des Rheines vorzudringen, zunächst bis zur Weser und später bis zur Elbe, doch sein früher Tod im letzten Kriegsjahr beließ die germanischen Verhältnisse weiterhin unklar. Als Tiberius das Kommando in Germanien in der Nachfolge des Drusus antrat, erreichte er zumindest Tributzahlungen einiger germanischer Stämme an die Römer. Diese Tatsache als Beweis zu nehmen, daß Germanien rechts des Rheines von nun an als römische Provinz zu betrachten sei (vgl. Filtzinger, Ph.: Die röm. Besetzung Baden-Württembergs, in: Die Römer in Baden-Württemberg, S. 34), ist umstritten, zumal die Machtverhältnisse dort in den darauffolgenden Jahrzehnten keineswegs klar waren. Erst im Jahre 5 n. Chr. gelang es Tiberius endgültig, eine Provinz Germania zu errichten, deren Mittelpunkt das Oppidum Ubiorum/Köln wurde. Im Osten reichte diese Provinz bis zur Elbe, im Süden etwa bis zum Main. Nach der Varusniederlage 9 n. Chr. entglitt das rechtsrheinische Gebiet wieder der römischen Herrschaft und lediglich ein linksrheinisches Restgermanien blieb erhalten, wurde jedoch verwaltungsmäßig der Provinz Belgica unterstellt.

Die Rheinarmee wurde in der Folge in einen obergermanischen und einen niedergermanischen Militärdistrikt geteilt. Erst ab dem Jahre 85 n. Chr. kann man dann wieder von germanischen Provinzen sprechen, nachdem Vespasian und Domitian die Rheingrenze nach Osten und die Donaugrenze nach Norden vorverlegt hatten (vgl. dtv-Lexikon der Antike, Band 2, S. 55–58, und Bengtson, H.: Römische Geschichte, S. 285). Daher sind diese germanischen Provinzen (germania superior und germania inferior) mit der augusteisch-tiberischen Provinz Germanien nicht vergleichbar.

Nach dem Jahre 85 n. Chr. „sicherten Hilfstruppen des oberen Heeres in engem Kontakt mit den Legionen das Neuwieder Becken, Teile des Taunus und die Wetterau durch militärische Anlagen. Sie bauten Kastelle am Main, im Odenwald und am mittleren Neckar und stellten somit eine Verbindung des Wetterau-Limes mit dem süddeutschen Alblimes her" (Filtzinger, Ph.: a.a.O., S. 54). Die Provinz Germania inferior umfaßte Teile der heutigen Niederlande, Belgiens und das linksrheinische deutsche Niederrheingebiet. Die Grenze zur Germania superior war der bei Rheinbrohl in den Rhein mündende Vinxtbach. Zur Germania superior gehörte linksrheinisch ein etwa 40 km breiter Streifen südlich von Basel und die zwischen Rhein und Donau gelegenen „agri decumates" (Zehntland) (vgl. dtv-Lexikon der Antike, Bd. 2, S. 58).

Der Begriff der „agri decumates" ist bis heute nicht geklärt und taucht in der antiken Literatur nur ein einziges Mal bei Tacitus, „Germania" 29 auf. Es wird dahinter eine Ableitung aus dem Keltischen vermutet und angenommen, daß es eine Bezeichnung für die Einteilung des Landes in zehn kantonsähnliche Einheiten bedeutet (vgl. Oxford Classical Dictionary, S. 30). Nach dem Verlust der „agri decumates“ infolge der Alamanneneinfälle zur Zeit des Diokletian wurde die Germania inferior zur Germania secunda, die verbliebenen linksrheinischen Gebiete der Germania superior zur Germania prima. Wegen der Kompliziertheit der Verhältnisse wird im Sinne einer didaktischen Reduzierung in den nachfolgenden Stundenbeschreibungen immer nur mit dem Begriff „Provinz Germanien“ operiert.

5. Romanisierung und Urbanisierung

„Ihrem ganzen Werdegang und ihrer Struktur nach mußte sich die Ausdehnung der römischen Herrschaft zu einem großen Prozeß der Urbanisierung gestalten. Er führte, ungeachtet günstiger Voraussetzungen und älterer, bereits in Fluß befindlicher Entwicklungen, in vielen Gebieten schließlich dazu, daß Romanisierung und Urbanisierung heute weitgehend gleichgesetzt werden. Die Städte und stadtähnlichen Siedlungen erwiesen sich als die eigentlichen Griffpunkte der Reichsverwaltung und als Basen der politischen Durchdringung des Imperiums.“ (Christ, K.: Das römische Weltreich, S. 121)
Die Städte leisteten der Romanisierung vor allem deshalb Vorschub, weil sie Auffangbecken für aus der Armee entlassene Veteranen bildeten, die oftmals die Provinz, in der sie ein Soldatenleben lang Dienst taten, eher als ihre Heimat empfanden, als ihr eigentliches Geburtsland und eine – erst nach ihrer Entlassung aus der Armee mögliche – Ehe zumeist mit einer Provinzialen eingingen. Zum anderen bildeten die Städte Zentren der römischen Verwaltung und förderten so die Herausbildung einer einheimischen Führungsschicht, der die Adaption an römische Sprache, Verwaltungsstil und Lebensart die eigene Karriere erst ermöglichte.
Städte bildeten zudem als Ansammlung einer größeren Masse von Menschen günstige Voraussetzungen für Produktion und Absatz von Waren (vgl. A. H. M. Jones: Das Wirtschaftsleben in den Städten, in: Schneider, H. [Hg.]: Sozial- und Wirtschaftsgeschichte der Römischen Kaiserzeit, Darmstadt 1981, S. 53). Gerade in den Städten an Rhein, Mosel und Neckar begünstigte die Lage am Fluß auch einen weiträumigen Handelsverkehr weit über die Grenzen der Städte hinaus, zumal in der Antike die Kosten des Landtransports von Waren diejenigen des Transports zu Wasser weit überstiegen. Aber auch das vorwiegend für militärische Zwecke gut ausgebaute Straßennetz erlaubte Fernhandelsbeziehungen selbst mit dem freien Germanien (vgl. Planck, D.: Die Zivilisation der Römer in Baden-Württemberg, in: Die Römer in Baden-Württemberg, S. 158).
So entstanden bereits gegen Ende des 1. Jh. n. Chr. provinzielle Fabrikationszentren in und um die Städte, die Glas-, Ton- und Metallwaren herstellten, zunächst als Imitationen römischer Vorbilder, später als eigenständige provinzielle Schöpfungen, nicht selten mit Bezeichnungen wie „fecit Mogontiacum“ versehen, hergestellt in Mainz. „Die alte, hochentwickelte römische Kultur mit ihrer organisatorischen Perfektion, ihrer Technik, mit Sanitätswesen, Handel und Geldwirtschaft hat wohl auch bei uns zur Anhebung des Bildungsniveaus beigetragen. Zahlreiche Graffiti auf Keramikfunden bestätigen die Annahme, daß schon im 2. Jh. ein Teil der Bevölkerung des Lesens und Schreibens kundig war.“ (Planck, D.: a.a.O., S. 158)
Der Prozeß der Romanisierung entpuppt sich somit als ein weitverzweigtes Geflecht von Entwicklungen, Einflüssen und

Prägungen, die meistens eher behutsam denn mit Nachdruck von der römischen Besatzungsmacht ausgeübt wurden. Übersehen werden darf dabei aber nicht, daß die römische Zivilisation sich darüber selbst veränderte, was schließlich zu völlig verschiedenen Entwicklungen etwa in den östlichen und westlichen Provinzen führte und spätere Entwicklungen innerhalb des Imperiums vorzeichnete.

6. Zur Frage von Krise und Niedergang des römischen Weltreiches

Da im Rahmen dieser Unterrichtseinheit, wenn auch regional auf den Westen des Reiches beschränkt, Symptome des Reichsverfalls angesprochen werden, die den Hintergrund für den Fall der germanischen Provinzen bildeten, soll an dieser Stelle ein kurzer Überblick über den Forschungsstand in dieser Frage gegeben werden.

Während Ed. Gibbon (The History of Decline and Fall of the Roman Empire, 7 Bde., London 1896–1902) Luxus und Sittenverfall, Dekadenz und schwindende Moral auf allen Ebenen als Gründe für den Niedergang der römischen Welt bezeichnete und damit Wertungen und Feststellungen der antiken Historiker wieder aufnahm, führen neuere Forschungen zu ganz anderen Erklärungsversuchen. „Der Untergang einer politischen Formation wurde jetzt auch als das Scheitern eines Wirtschaftssystems, als Resultat einer verfehlten Bevölkerungspolitik oder als zwangsläufiges Ergebnis eines Sklavenhalterstaates gesehen, der nicht mehr in der Lage war, sein System unter den gewandelten Bedingungen der Kaiserzeit weiterzuentwickeln.“ (Vgl. hierzu besonders die Schriften von Max Weber; vgl. Christ, K.: Der Untergang des römischen Reiches in antiker und moderner Sicht, in: ders. (Hg.): Der Untergang des Römischen Reiches, Darmstadt 1970, S. 12)

Auch naturwissenschaftliche Erklärungsversuche wie der Nachweis von Bodenerschöpfung, Klimaveränderungen und Regenmangel wurden unternommen (vgl. G. Simkhovitch, E. Huntington).

Strukturfehler des antiken Stadtstaates und damit Erklärungsansätze, die bis ins 5. Jh. v. Chr. zurückreichen, nennt F. W. Walbank (The Decline of the Roman Empire in the West, London 1946), Rassenvermischung im römischen Reich hält T. Frank (Race Mixture in the Roman Empire, in: American Hist. Review 21, 1916) für den auslösenden Faktor, während A. E. R. Boak (Manpower Shortage and the Fall of the Roman Empire, Ann Arbor 1955) dem Mangel an Arbeitskräften die Schuld gibt. A. H. M. Jones (The Decline and Fall of the Roman Empire, in: History 40, 1955) baut schließlich auf einer Kombination vieler der genannten Faktoren auf und bringt innere und äußere Entwicklungen in ein Geflecht von Wechselwirkungen, die den Niedergang verursacht haben sollen.

Neben diesem Ansatz wird in der moderneren Forschung nun stärker als zuvor die Verschiedenheit der Abläufe im östlichen und westlichen Reichsteil hervorgehoben. Das Zuendegehen römischer Geschichte wird zudem heute weniger als Niedergang, Untergang oder Verfall, sondern vielmehr als eine Art Kulturmetamorphose verstanden. „So groß und schön die Leistungen einer Epoche hoher Kultur auch gewesen sein mögen, die Generationen, die ihr folgen, können nicht dabei verbleiben, und die Kultur wird notwendigerweise eine andere: Andersartigkeit aber schließt nicht notwendigerweise Verfall ein.“ (Marrou, H. I.: Die Dekadenz des klassischen Altertums, in: Christ, K. [Hg.]: a.a.O., S. 403)

II. Didaktische Vorüberlegungen

1. Der Stellenwert des Themas im Geschichtsunterricht

Aspekte der Provinzialgeschichte sind schon seit mehreren Jahren Bestandteil von Lehrplänen und Geschichtsbüchern aller Schularten. Meist jedoch stand nur eine extrem kurze Stundenzahl für solche Themen zur Verfügung, so beschränkte sich die Behandlung auf Einzelerscheinungen wie etwa die Schlacht im Teutoburger Wald oder den Limes, ohne daß die Geschichte der Römer in Deutschland als Ganzes, noch in ihrer engen Verknüpfung mit der „klassischen" Römischen Geschichte zum Gegenstand des Geschichtsunterrichtes gemacht wurde. Die geringe Berücksichtigung provinzialgeschichtlicher Themen in den Lehrbüchern ist auch der Grund dafür, daß in dem vorliegenden Heft nur in beschränktem Maß auf Materialien aus gängigen Lehrbüchern zurückgegriffen werden kann.
Erst einige wenige, modernere Lehrbücher erweitern den Anteil provinzialgeschichtlicher Themen in erfreulicher Weise (z. B. Fragen a. d. Geschichte, Bd. 1, Zeitaufnahme, Bd. 1, erinnern und urteilen, Bd. 1).
Im Zuge der Renaissance der Regional- und Heimatgeschichte erhält auch der Themenbereich „Römer in Deutschland" seit einigen Jahren wieder einen eigenen Stellenwert im Rahmen der Unterrichtseinheit „Römische Geschichte" (vgl. u. a. die revidierten Lehrpläne Baden-Württemberg, Gymnasium). Es besteht daher berechtigter Grund zur Annahme, daß gerade in der Sekundarstufe I provinzialgeschichtliche Stoffe wieder verstärkt Eingang in den Geschichtsunterricht finden.
Viele Gründe sprechen dafür:
- Geschichtsunterricht in der Sekundarstufe I verlangt ein hohes Maß an Anschaulichkeit. Römische Provinzialgeschichte ist für den Schüler dieser Altersstufe fast überall in Deutschland unmittelbar erfahrbar, sei es durch Ausgrabungen, sichtbare Überreste (Limes) oder Museumsausstellungen.
- Provinzialgeschichtliche Themen fördern den Zugang des Schülers zum Fach Geschichte, lassen ihn erkennen, daß sich Geschichte nicht nur in fremden Ländern abspielte, sondern auch direkt vor seiner eigenen Haustür.
- Die Unterrichtseinheit „Römer in Deutschland" kommt dem genuinen Interesse von Schülern der Sekundarstufe I durch ihre Themenauswahl entgegen (Entdeckungen durch Ausgrabungen, römische Soldaten und Heerwesen, das Leben der Menschen früher, etc.).
- Die Behandlung der römischen Besetzungsgeschichte Germaniens bildet im Kanon der Unterrichtsgegenstände für das Fach Geschichte in der Sekundarstufe I ein natürliches, logisches Bindeglied zwischen der Behandlung der römischen Republik und Kaiserzeit und der Epoche der Völkerwanderung.
- Die Unterrichtseinheit bietet hinreichend Gelegenheit, Gegenwartsbezüge herzustellen, und thematisiert verschiedentlich Problemkreise, an die im späteren Verlauf des Geschichtsunterrichts wieder angeknüpft werden kann (z. B. Urbanisierung, Romanisierung, römisches Erbe, etc.).

- Nicht zuletzt vermag die Unterrichtseinheit das Bewußtsein für die historischen Wurzeln unserer Gegenwart beim Schüler zu wecken.

2. Didaktische Vorentscheidungen und Materialauswahl

Die Konzeption der vorliegenden Stundenvorschläge geht von einer bereits erfolgten Behandlung der Römischen Republik und des augusteischen Prinzipats aus. Inhaltliche und begriffliche Grundkenntnisse dieser Phasen der Römischen Geschichte werden für das Verständnis der Unterrichtseinheit vorausgesetzt.
Beim Aufbau der einzelnen Stundenverläufe wurde großer Wert darauf gelegt, daß die Schüler selbständig Fragestellungen entwickeln und in Gruppen- oder Partnerarbeit Materialien auswerten und hinterfragen. Gleichzeitig kommen aber auch ganz andere Arbeitsformen – vom Lehrervortrag über die Geschichtserzählung bis hin zum Rollenspiel – zur Anwendung. Die Schüler sollen in die Lage versetzt werden zu erkennen, wie der Historiker und Archäologe durch Vergleiche, Rekonstruktionsversuche und Interpretationen zu Ergebnissen gelangt. Gleichzeitig sollen sie begreifen lernen, daß geschichtliche Erkenntnisse nicht in jedem Fall hieb- und stichfeste Fakten darstellen, sondern nicht selten interpretierbar und abhängig von der jeweiligen Quellenlage sind.
Mit Nachdruck wird immer wieder darauf bestanden, daß der Schüler Aussagen von Karten, Graphiken und Quellen verbalisiert und archäologische Funde beschreiben und hinterfragen lernt. Ausdrucksfähigkeit, Beobachtungs- und Kritikvermögen sollen durch dieses Vorgehen trainiert werden.
Zu vielen Stundenvorschlägen werden Tafelbilder oder -anschriebe angeboten. Sie bieten dem Schüler dieser Altersstufe eine Hilfe bei Erfassung, Reorganisation und Transfer der Stundenergebnisse und sind, je nach Erfordernis, sowohl vereinfachwie auch erweiterbar oder dienen dem Lehrer als Anregung für die Entwicklung eigener Tafelbilder.
Die Auswahl der Stundenthemen stellt den Versuch dar, fachwissenschaftliche Notwendigkeiten und Schülerinteressen zu kombinieren. Die geringe Berücksichtigung provinzialgeschichtlicher Themen in den gängigen Lehrbüchern machte es notwendig, vor allem nicht immer leicht zugängliche Materialien in größerem Umfang abzudrucken, als es bei Heften dieser Reihe in der Regel geschieht. Diese Materialien verstehen sich dennoch als Vorschläge, können und sollen aber vom Unterrichtenden, je nach Erfordernis, abgewandelt oder ersetzt werden. Dies gilt in besonderem Maße dann, wenn ein Museumsbesuch in die Unterrichtseinheit integriert werden kann.
Die geringe Zahl von Unterrichtsstunden, die für die Behandlung der römischen Provinzialgeschichte in Deutschland von den Lehrplänen der einzelnen Bundesländer angesetzt sind, machte es notwendig, dem Lehrer ein Angebot zu unterbreiten, das es ihm ermöglicht, Einzelstunden relativ frei zu kombinieren, zugleich aber auch die gesamte Unterrichtseinheit in logischem Zusammenhang der verschiedenen Einzelstunden zu unterrichten, je nach zur Verfügung stehender Zeit, Unterrichtsort und Zusammensetzung der Lerngruppe. Es wurde versucht, diesen konzeptionellen Erfordernissen durch eine Einteilung in verschiedene Themenblöcke Rechnung zu tragen (s. Schema S. 14):

Themenblock A: Die Römer in Germanien

1. Stunde:
Aus der Stadt Rom wird ein Weltreich

2. Stunde:
Roms Vorstoß nach Germanien

Themenblock B: Roms Methoden der Herrschaftsausübung und Herrschaftsbefestigung in Germanien

3. und 4. Stunde:
Die Funktionen des römischen Limes

5. Stunde:
Die Soldaten des römischen Heeres in Germanien

6. Stunde:
Lager und Kastelle des römischen Heeres

7. Stunde:
Das Leben des römischen Legionärs im Provinzialheer

8. Stunde:
Römerstädte in Deutschland

Themenblock C: Römer und Germanen – der Prozeß der Romanisierung

9. Stunde:
Das tägliche Leben eines Römers in der Provinz

10. Stunde:
Das tägliche Leben einer germanischen Familie

11. Stunde:
Römer und Germanen – die Begegnung zweier Kulturen

Themenblock D: Das Ende der römischen Besetzungsgeschichte in Germanien

12. Stunde:
Das Römische Weltreich gerät in die Krise

13. Stunde:
Das Ende der römischen Herrschaft in Germanien

3. Museumsbesuche

Gerade zum Thema „Römer in Deutschland“ gibt es, insbesondere im süddeutschen, limesnahen Bereich eine große Zahl von Museen (siehe S. 17f.), deren Ausstellungsangebot in vielfacher Form in den Unterricht einbezogen werden kann. Viele Museen bieten außer ihren Exponaten auch museumspädagogische Dienste an, die von der fachkundigen Führung bis zu praktischen Formen der Museumsarbeit reichen (Praktische Kurse, Mal- und Bastelkurse, Kostümierungskurse, Rollenspiele usw.). Weit verbreitet ist die Herausgabe von museumsdidaktischen Arbeitsblättern, die, auf die jeweilige Sammlung speziell zugeschnitten, den Schülern die Möglichkeit anbieten, allein oder in Gruppen, Themenkreise der römischen Geschichte in Form von „Selbstunterricht“ zu erarbeiten. Es bleibt dem Lehrer im einzelnen überlassen, ob und inwieweit er diese Museumsangebote in seinen Unterricht einbauen will und kann. Im folgenden daher einige Hinweise, wie ein Museumsbesuch mit einer Schulklasse prinzipiell angelegt sein sollte, um befriedigend und effektiv zu sein.

Funktion und Vorbereitung

Generell sollte ein Museumsbesuch vor- und nachbereitet werden. Dabei gilt es zu beachten, daß in den vorbereitenden Unterrichtsstunden nicht vorweggenommen wird, was im Museum ohnehin zu sehen sein wird, sonst kommt dem Besuch rein illustrativer Charakter zu. Ein oder mehrere Besuche des Lehrers im Museum sind daher unerläßlich, bevor er mit einer Klasse dorthin geht. Möglichst sollten diese Besuche bereits vor Beginn der Unterrichtseinheit erfolgen, damit für den Unterrichtenden alle Voraussetzungen gegeben sind, „einen Unterricht zu konzipieren, der durch Lernortverlagerung die spezifischen Möglichkeiten von Schule und Museum gleichermaßen“ nutzt (Illert, G.: Das Museum der Stadt Worms, GWU 9/75, S. 550).

Sicherlich ist eine Führung mit dem gesamten Klassenverband, sei es durch einen Museumsangestellten oder durch den Lehrer, wenig sinnvoll, nicht nur, weil erfahrungsgemäß die Konzentration der Schüler rasch nachläßt, sondern weil auch die gezeigten Objekte in der Regel gar nicht von allen Schülern gleichzeitig mit der Erklärung des Führenden betrachtet werden können. Reine Rezeption und Kontemplation zerstören die Motivation der Kinder rasch. Kreativität, Phantasie und eigene Überlegung werden nicht gefordert angesichts von frontal vermittelten fertigen Antworten und Erklärungen des Führenden. Der Lehrer sollte die Institution Museum vielmehr als Unterrichtsobjekt auffassen. So verstanden, ist der Museumsbesuch „nicht bloße Zutat, sondern selbst Element historischer Erkenntnis“ (Schadendorf, W., in: Glaser, H. [Hrsg.]: Jugend und Kunst, Freiburg 1971, S. 13).

Bei der Vorbereitung des Museumsbesuches muß der Lehrer daher die Rahmenbedingungen und Voraussetzungen erarbeiten, die es dem Schüler später ermöglichen, das im Museum Gesehene sinnvoll mit seinen Vorkenntnissen zu verknüpfen. Es liegt auf der Hand, daß meistens nicht das gesamte Angebot eines Museums diese Funktion erfüllen kann. Man sollte sich daher auf einige Exponate oder Vitrinen beschränken.

Grundsätzlich gilt als Kriterium für eine solche Auswahl, daß „sich Schülern der Zugang zum historischen Museum am leichtesten an Museumsbeständen erschließt, die aus Zeugnissen des konkreten Lebens und Arbeitens der Menschen der früheren Zeit bestehen“ (vgl. Hug, W.: Geschichtsunterricht, S. 160). Modellprojekte haben gezeigt, daß bei Schülern Faszination und neue Qualität des Verstehens dann besonders erreicht werden, wenn sie Gelegenheit erhalten, Exponate auch einmal anfassen zu dürfen (vgl. Illert: GWU 9/75, S. 554).

Hieraus ergibt sich, neben anderen, *ein* wichtiges Lernziel eines Museumsbesuches: die dingliche Erfahrung mit historischen Gegenständen, die Bewußtwerdung über deren eigentliches Alter und über die Mühe der damaligen Menschen, diese Gegenstände herzustellen oder mit ihnen umzugehen.

Eine diesbezügliche Absprache mit der Museumsleitung gehört also auch zu den Vorbereitungen des Museumsbesuches. (Vgl. auch: Zeitaufnahme, Bd. 1: Wir bereiten einen Museumsbesuch vor. Ein Projekt. S. 141–143. Erdmann, E.: a.a.O., Lehrerheft, S. 27ff. Exkursionen und Museum)

Hinweise für den Entwurf von Arbeitsblättern

Bietet ein Museum bereits didaktische Arbeitsblätter zur Erschließung bestimmter Museumsbestände für die Schülerhand an (siehe Museumsverzeichnis), so wird sich der Lehrer, sofern er diese Blätter nicht vollständig übernehmen will, darauf beschränken können, Streichungen oder Ergänzungen im Sinne seiner geplanten Unterrichtskonzeption vorzunehmen.

Sehr oft wird der Lehrer jedoch nicht auf solche vorgefertigten Arbeitsblätter zurückgreifen können und diese daher selbst erstellen müssen. Eine Orientierung an bereits vorhandenen Arbeitsblättern von Museen sei hier grundsätzlich empfohlen, da sie sich in ihrer Struktur und ihrem Aufbau meist auf ähnliche Objekte an anderen Standorten übertragen lassen.

Darüber hinaus sollte sich der Lehrer bei der Erstellung eigener Arbeitsblätter für den Museumsbesuch von folgenden Hinweisen leiten lassen:

- Themen- und Objektwahl sollten auf die altersspezifische Interessenlage der Schüler abgestimmt sein.
- Karten, Modelle und Rekonstruktionen, die Einzelfunde in einen Gesamtzusammenhang stellen, sollten bevorzugt eingearbeitet werden.
- Die Themen- und Objektwahl der einzelnen Arbeitsblätter für verschiedene Schülergruppen sollte so getroffen werden, daß sich keine Staus einzelner Gruppen vor bestimmten Vitrinen ergeben.
- Arbeitsaufträge der Schülerblätter sollen so gestaltet sein, daß die Schüler angeregt werden, sich mit den Exponaten intensiv auseinanderzusetzen (z.B. Anfertigen von Detailzeichnungen, Rekonstruktionsversuche, Photographieren, Funde beschreiben, Vermutungen über die Funktion von Exponaten anstellen etc.).
- Objekte müssen vom Schüler kritisch hinterfragt werden können mit dem Ziel, selbständig Zusammenhänge zu erkennen und zu formulieren, wobei die „Richtigkeit“ der Antworten der Reflexion und der problemorientierten Auseinandersetzung mit dem Thema nachgeordnet sein sollte.
- Räume, Vitrinen und Objekte müssen genau bezeichnet sein, um eine reibungslose Bearbeitung der Arbeitsbögen zu gewährleisten und Verwechslungen zu vermeiden.
- Begriffe und Fachtermini sollten im Text hervorgehoben, ggf. erklärt und mehrfach wiederholt werden.

- Kontrollmöglichkeiten, Hilfen und Rückverweise sollten eingebaut werden.
- Querverweise auf andere Objekte der Ausstellung, die zeitlich früher oder später datiert sind, sollen den Schüler zu Vergleichen anregen und ihn auf Veränderungen, Entwicklungen und Folgen aufmerksam machen.
- Spielerische Aufgaben (Rätsel, Suchspiele usw.) lockern die Arbeit auf, Ruhepausen oder Zeit zur Diskussion mit den Mitgliedern der Arbeitsgruppe dürfen keinesfalls vergessen werden, um die Konzentration gerade jüngerer Schüler nicht überzustrapazieren.

Museen mit Funden aus römischer Zeit

Aachen Städtisches Suermondt-Museum
Aalen Limesmuseum
Amorbach Heimatmuseum
Ansbach Stadt- und Kreismuseum
Aschaffenburg Museum der Stadt Aschaffenburg – Stiftsmuseum
Augsburg Römisches Museum in der Dominikanerkirche, Dominikanergasse
Bad Buchau Federseemuseum
Baden-Baden Stadtgeschichtliche Sammlungen, Schloßstr. 22
Bad Homburg v. d. H. Römerkastell Saalburg – Freilichtmuseum
Bad Kreuznach Karl-Geib Museum, Heimatmuseum für Stadt und Kreis
Bad Wimpfen Museum im Steinhaus
Benningen Heimatmuseum
Blankenheim Kreismuseum Blankenheim
Berlin-West Museum für Vor- und Frühgeschichte, Schloß Charlottenburg; Staatliche Museen preußischer Kulturbesitz, Antikenabteilung
Bonn Rheinisches Landesmuseum, Colmantstraße
Braunschweig Braunschweigisches Landesmuseum für Geschichte und Volkskunst
Bremen Bremer Landesmuseum – Focke-museum
Darmstadt Hessisches Landesmuseum, Friedensplatz
Dieburg Museum im Schloß Fechenbach
Dortmund Museum für Kunst- und Kulturgeschichte, Abt. Vor- und Frühgeschichte
Duisburg Niederrheinisches Museum
Eichstätt Museum in der Willibaldsburg
Eulbacher Park Freilichtmuseum mit Inschriften und Architekturteilen vom Odenwaldlimes, östlich von Michelstadt im Odenwald
Ettlingen Albgau-Museum, Schloß
Frankfurt a. M. Frankfurter Museum für Vor- und Frühgeschichte, Holzhausenschlößchen, Justinianstraße
Friedberg/Hessen Wetterau-Museum
Gunzenhausen Heimatmuseum
Haltern/Westfalen Römisch-Germanisches Museum
Hamburg Helmsmuseum (Hamburgisches Museum für Vor- und Frühgeschichte)
Hanau Historisches Museum, Schloß Philippsruhe
Hannover Kestenermuseum; Niedersächsisches Landesmuseum
Heidenheim Heimatmuseum; Museum Schloß Hellenstein
Heidelberg Kurpfälzisches Museum, Hauptstraße
Heilbronn Historisches Museum, Kramstr. 1
Jagsthausen Historisches Museum im Götzenschloß
Höchst a. M. Heimatmuseum
Karlsruhe Badisches Landesmuseum, Schloß
Kassel Landesmuseum Kassel
Kempten Allgäuer Heimatmuseum
Köln Römisch-Germanisches Museum, Am Dom

Köngen (Kreis ES) Parkmuseum und Museum am Turm

Krefeld Landschaftsmuseum des Niederrheins, Burg Linn

Ladenburg Lobdengau-Museum, Bischofshof

Lahr Museum für Vor- und Frühgeschichte, Dinglinger Hauptstr. 54

Landshut Städtisches Museum

Lorch Museum im ehemaligen Kloster (Rekonstr. eines Limeswachturms)

Mainhardt Museum in der ehemaligen katholischen Kirche

Mainz Mittelrheinisches Landesmuseum, Große Bleiche; Römisch-Germanisches Zentralmuseum, Kurfürstl. Schloß

Mannheim Reiss-Museum, C 5

Miltenberg Heimatmuseum

München Prähistorische Staatssammlung, Staatliche Antikensammlung

Münster Landesmuseum für Vor- und Frühgeschichte Westfalens

Murrhardt Carl-Schweizer-Museum, Am Stadtpark

Neuenstein Hohenlohe-Museum, Schloß

Neuß Clemens-Sels-Museum

Neuwied Heimatmuseum

Nördlingen Heimatmuseum

Obernburg Museum Römerhaus

Oberndorf Heimatmuseum, Kameralstr. 8

Oberriexingen Römischer Weinkeller, Zweigmuseum des Württemberg. Landesmuseums Stuttgart, Weilerstr. 14

Öhringen Weygang-Museum, Karlsvorstadt 30

Offenburg Ritterhaus-Museum, Ritterstr. 10

Pforzheim Heimatmuseum: 1. Reuchlinhaus, Jahnstr. 42; 2. Allgem. Abt. mit Lapidarium, Westliche Karl-Friedrich-Str. 243 (Alte Brötzinger Kirche St. Martin)

Rastatt Heimatmuseum, Herrenstr. 11

Regensburg Städtisches Museum, Dachauplatz

Rottweil Stadtmuseum Rottweil, Hauptstr. 21

Rottenburg Sülchgau Museum, Bahnhofstraße

Saarbrücken Landesmuseum für Vor- und Frühgeschichte

Schwabsberg Limesfreilichtmuseum, Schw.-Buch/Dalkingen (Kreis AA)

Schleswig Schleswig-Holsteinisches Landesmuseum für Vor- und Frühgeschichte, Schloß Gottorp

Schwäbisch Hall Keckenburgmuseum, Untere Herrengasse 8–10

Seligenstadt Landschaftsmuseum in der ehemaligen Abtei

Sigmaringen Fürstlich-Hohenzollernsches Museum, Schloß

Straubing Gäubodenmuseum

Stuttgart Württembergisches Landesmuseum, Altes Schloß; Römisches Lapidarium des Württ. Landesmuseums, Fruchtkasten, Schillerplatz 1

Trier Rheinisches Landesmuseum, Ostallee (Kaiserthermen, Barbarathermen, Amphitheater)

Tuttlingen Heimatmuseum, Fruchtkasten

Walldürn Heimatmuseum

Weißenburg Heimatmuseum

Wiesbaden Städtisches Museum, Fr.-Ebert-Allee

Worms Museum der Stadt Worms

Xanten Archäologischer Park (mit Amphitheater)

Zülpich Heimatmuseum

III. Literaturverzeichnis

1. Fachwissenschaftliche Literatur

Baatz, D./Hermann, F.-R. (Hg.): Die Römer in Hessen. Stuttgart 1982

Baatz, D.: Der römische Limes. Berlin 1974

Bechert, T.: Römisches Germanien zwischen Rhein und Maas. München 1982

Beck, W./Planck, D.: Der Limes in Südwestdeutschland. Stuttgart/Aalen 1980

Bengtson, H.: Römische Geschichte. Republik und Kaiserzeit bis 284 n. Chr. München ³1979

Christ, K.: Römische Geschichte. Einführung, Quellenkunde, Bibliographie. Darmstadt ²1976

ders.: Römische Geschichte im Unterricht, in: GWU 5/1972, S. 277–290

ders. (Hg.): Der Untergang des Römischen Reiches. Darmstadt 1970

ders.: Das Römische Weltreich. Aufstieg und Zerfall einer antiken Großmacht. Freiburg 1973

Döbler, H.: Die Germanen. Legende und Wirklichkeit von A bis Z. Ein Lexikon zur europäischen Frühgeschichte. München 1975

Filtzinger, Ph./Planck, D./Cämmerer, B.: Die Römer in Baden-Württemberg. Stuttgart/Aalen 1976

Gesellschaft für Vor- und Frühgeschichte in Württemberg und Hohenzollern (Hg.): Kleine Schriften zur Kenntnis der römischen Besetzungsgeschichte Südwestdeutschlands

- Heft 4 Ulbert, G.: Römische Waffen des 1. Jh. n. Chr. 1968
- Heft 7 Filtzinger, Ph.: Limesmuseum Aalen. ²1975
- Heft 8 Herrmann, F. R.: Die Ausgrabungen im Kastell Künzing-Quintana. 1972
- Heft 12 Planck, D.: Neue Ausgrabungen am Limes. 1975
- Heft 13 Bender, H.: Römische Straßen und Straßenstationen. 1975
- Heft 15 Baatz, D.: Die Wachttürme am Limes. 1976
- Heft 19 Gaitzsch, J.: Römische Werkzeuge. 1978

Haversath, J. B.: Städte im römischen Deutschland, in: Geographie im Unterricht (GU) 7/1982, Nr. 4, S. 151–156

Kahrstedt, U.: Kulturgeschichte der römischen Kaiserzeit. Bern ²1958

Kienast, D.: Augustus. Prinzeps und Monarch. Darmstadt 1982

Kromayer, J./Veith, G.: Heerwesen und Kriegsführung der Griechen und Römer. Handbuch der Altertumswissenschaft Bd. IV.3.2., 1928

Linfert-Reich, I.: Römisches Alltagsleben in Köln. Köln ³1977

Mildenberger, G.: Sozial- und Kulturgeschichte der Germanen. Stuttgart, 2. erg. A. 1977 (Urban TB 149)

Much, R.: Die Germania des Tacitus. Heidelberg ²1959

Nuber, H.-U.: Limesforschung in Baden-Württemberg, in: Denkmalpflege in Baden-Württemberg 3/1983, S. 109ff.

Pörtner, R.: Mit dem Fahrstuhl in die Römerzeit. 1975 (Knaur TB 144)

Precht, G.: Das Grabmal des Poblicius. Köln ²1979

Römisch-Germanisches Museum der Stadt Köln (Hg.): Kölner Römer-Illustrierte Bd. 1/1974, Bd. 2/1975

Schmid, A. und R.: Die Römer an Rhein und Main. Frankfurt 1972

Schneider, H. (Hg.): Sozial- und Wirtschaftsgeschichte der römischen Kaiserzeit. Darmstadt 1981
Schönberger, H.: Das augusteische Römerlager Rödgen und die Kastelle Oberstimm und Künzing, in: Ausgrabungen in Deutschland, Teil 1, Mainz 1975, S. 372–383
Sölter, W. (Hg.): Das römische Germanien aus der Luft. Berg.-Gladbach 1981
Ternes, Ch.-M.: Die Römer an Rhein und Mosel. Stuttgart 1975
Ulbert, G./Fischer, Th.: Der Limes in Bayern von Dinkelsbühl bis Eining. Stuttgart 1983
Unz, Chr.: Grinario – das römische Kastell und Dorf in Köngen. Führer zu den archäologischen Denkmälern in Baden-Württemberg, Bd. 8. Stuttgart 1982
Völker, W.: Als die Römer frech geworden ... Die Schlacht im Teutoburger Wald. Berlin 1981 (Wagenbach TB 77)
Volkmann, H.: Grundzüge der römischen Geschichte. Darmstadt 1975

2. Didaktische Literatur

Andersen, F./Sörensen, K. K.: Medien im Unterricht. Ein Handbuch. Stuttgart ²1976
Dörr, M.: Quellen, Quellen, Quellen – und die Alternative?, in: GWU 5/1983, S. 318–327
dies.: Der Tafelanschrieb im Geschichtsunterricht, in: Anmerkungen und Argumente 7.2. Stuttgart ³1978, S. 70–132
Emrich, U.: Was halten Schüler von Alter Geschichte?, in: GWU 6/1971, S. 340 bis 362
Geschichte im Museum (= Geschichtsdidaktik 1984, 1)
Herkommer, L./Lissek, M.: Das Rollenspiel im Geschichtsunterricht, in: Anmerkungen und Argumente 7.1. Stuttgart ²1976, S. 194–209
Hug, W.: Geschichtsunterricht in der Praxis der Sekundarstufe I. Frankfurt 1977
ders.: Das historische Museum im Geschichtsunterricht. Eine didaktische Anleitung mit Unterrichtsbeispielen. Freiburg/Würzburg 1978 (Ploetz-Didaktik)
Illert, G.: Das Museum der Stadt Worms und die Erfahrungen mit dem Unterricht im Museum, in: GWU 9/1975, S. 548–556
Kuhn, A./Schneider, G.: Geschichte lernen im Museum. Düsseldorf 1978
Mohrhardt, D.: Plädoyer für die Geschichtserzählung, in: GWU 2/1982, S. 94–116
Museum der Stadt Regensburg (Hg.): Lernen im Museum. Museumspädagogische Schriften des Museums der Stadt Regensburg. Heft 2, ohne Jahr
Piaget, J.: Die Bildung des Zeitbegriffs beim Kinde. Zürich 1966
ders.: Psychologie und Intelligenz. Zürich ³1967
Riesenberger, D.: Geschichte in Comics, in: GWU 3/1974, S. 162–173
Schwalm, E.: Instrumentale und kognitive Lernziele bei der Kartenarbeit im Geschichts- und Politikunterricht, in: Anmerkungen und Argumente 7.2. Stuttgart ³1978, S. 70–132
Weschenfelder, K./Zacharias, W.: Handbuch Museumspädagogik. Orientierungen und Methoden für die Praxis. Düsseldorf 1981
Witthöft, H.: Filmarbeit im Geschichtsunterricht, in: Anmerkungen und Argumente 7.1. Stuttgart ²1976, S. 215–235

3. Unterrichtsmodelle

Baatz, D./Riedinger, H.: Römer und Germanen am Limes. Ein Modellthema für das 5.–7. Schuljahr. Modellthemen zur

Unterrichtsvorbereitung Bd. XII. Frankfurt ²1967
Barceló, P. A./Konrad, C. F.: Unterrichtsmodelle zur Römischen Geschichte. Eichstätter Materialien 3. Regensburg 1983
Erdmann, E.: Römische Zivilisation an Rhein und Donau. Begegnungen zwischen Römern, Kelten und Germanen. Materialienheft, Lehrerheft, Arbeitsblätter. Paderborn 1980 (Schroedel, Reihe Geschichte/Politik)
Kommission zur Erstellung von Handreichungen (Hg.): LEU, L 21, Realien im Lateinunterricht. Der Limes I, Geschichte, Anlage, Funktion. Stuttgart 1979; LEU, L 22, Der Limes II, Tagesausflug, Exkursion, Schullandheim. Stuttgart 1979
Loch, W./Hoffmann, A.: Römer und Germanen. Geschichte in Unterrichtsmodellen, Bd. 2, Limburg 1981
Stoll, U.: Römisches Leben nördlich der Alpen. Geschichte und Bildquellen. Schülerheft, Lehrerheft. München 1979

4. Lehrbücher

Curriculum Geschichte, Bd. 1. Altertum. Frankfurt (Diesterweg)
erinnern und urteilen, Bd. 1. Stuttgart (Klett)
Fragen an die Geschichte, Bd. 1. Frankfurt (Hirschgraben)
Geschichtliche Weltkunde, Bd. 1. Frankfurt (Diesterweg)
Grundzüge der Geschichte, Bd. 1. Frankfurt (Diesterweg)
Krefeld, H. (Hg.): Res Romanae. Ein Begleitbuch für die Lateinlektüre. Frankfurt 1972
Menschen in ihrer Zeit, Bd. 1. Stuttgart (Klett)
Spiegel der Zeiten, Bd. 1. Frankfurt (Diesterweg)
Tempora, Damals und heute, Geschichte 6, Ausg. G. Stuttgart (Klett)
Tempora, Geschichte und Geschehen 7. Stuttgart (Klett)
Zeitaufnahme, Bd. 1. Braunschweig (Westermann)
Zeiten und Menschen, Ausgabe B, Bd. 1. Hannover (Schöningh-Schroedel)

5. Quellen und Quellensammlungen

Plutarch: Römische Heldenleben. Übertragen und hrsg. von W. Ax. Stuttgart 1957
Polybios: Geschichte. Eingeleitet und übertragen von H. Drexler, 2 Bde. Zürich und Stuttgart ²1978
Tacitus: Annalen, übersetzt v. A. Honeffer. Stuttgart 1957
Tacitus: Germania. Übertragen und ausgewählt von Wilhelm Harendza. München o. J.
Vergil: Aeneis, übersetzt von W. Plankl und K. Vretska. Stuttgart ²1957

Krieger, H. (Hg.): Materialien für den Geschichtsunterricht, Band II, Das Altertum. Frankfurt ⁵1982
Geschichte in Quellen, Bd. 1, Altertum, bearb. v. W. Arend. München 1965

6. Audiovisuelle Medien

Filme:

Ein römischer Kaufmann nördlich der Alpen. 16-mm-Unterrichtsfilm. 15 Min. Lichtton
Alltag in einem germanischen Gehöft. 16-mm-Unterrichtsfilm. 15 Min. Lichtton

Beide Filme bei: Institut für Weltkunde in Bildung und Forschung (WBF), 2000 Hamburg 76, Karlstr. 29

Diaserien:

Noelke, P.: Das Römisch-Germanische Museum Köln. Römer und Germanen am Rhein. 48 Dias, Farbe. Florenz 1981

Antike Belagerungsmaschinen. Stuttgart (Klett)

Bauten am Limes. Stuttgart (Klett)

Der Limes und seine Kastelle. Color-Dia Kressbronn, Bildreihe Nr. 41

Die Saalburg. Ein römisches Kastell am Limes. Farbbildreihe He 9. Staatliche Landesbildstelle Hessen, Frankfurt 1968

Funde aus der Zeit der Germanen. FWU 102635, 1979

LIMES – von der Grenzanlage zum Kulturdenkmal, V-Dia D 41055

Soldaten am Limes. Stuttgart (Klett)

Folien:

Die Germanen. Die Stämme und ihr Siedlungsgebiet. Jünger 5691 (3 Folien)

Das römische Reich. Westermann 356473 (6 Folien)

Entstehung des römischen Weltreiches. Westermann 356402 (6 Folien)

Ausbreitung des Christentums. Westermann 356404 (5 Folien)

Untergang des römischen Reiches und Völkerwanderung. Westermann 356405 (6 Folien)

Wandkarten:

Das römische Reich zur Zeit Caesars. Velhagen und Klasing, Nr. 23

Die Römer in Deutschland. Velhagen und Klasing, Nr. 34

Das römische Weltreich. Justus Perthes, Darmstadt

7. Atlanten

Atlas zur Geschichte, Bielefeld. Cornelsen–Velhagen–Klasing

Atlas zur Weltgeschichte, Stuttgart. Klett

dtv-Atlas zur Weltgeschichte, Band 1

Großer Historischer Weltatlas, München. Bayrischer Schulbuch Verlag

Putzger, Historischer Atlas, Bielefeld. Cornelsen–Velhagen–Klasing

Völker, Staaten und Kulturen, Braunschweig. Westermann

Westermann Großer Atlas zur Weltgeschichte. Braunschweig

8. Bücher für die Hand des Schülers

Connolly, P.: Die römische Armee. Hamburg 1976 (Tesloff)

Geschichte mit Pfiff, Als die Römer frech geworden. Provinz Germanien. Heft 9/1980 (G. Sailer-Verlag, Nürnberg)

Heerdt-Heumann, E.: Geschichtserzählungen. Unser Weg durch die Geschichte. 1966

Holler, E.: Geschichte in Geschichten (dtv-junior 7243)

Macauly, D.: Eine Stadt wie Rom (dtv-junior 7902)

Röhrig, T./Schmidt, G.: Der Sklave Calvisius. Alltag in einer römischen Provinz 150 n. Chr. (Falke-Verlag)

Sutcliff, R.: Der Adler der neunten Legion (dtv-junior 7012)

ders.: Der silberne Zweig (dtv-junior 7069)

IV. Beschreibung der Einzelstunden

1. Stunde Aus der Stadt Rom wird ein Weltreich

Didaktische Vorbemerkungen

Die erste Stunde soll neben der Einführung in das Thema der Unterrichtseinheit vor allem der Untersuchung der Motive römischer Expansion dienen und führt gleichzeitig, in einer ersten Annäherung, zu einer Reflexion über die Probleme und Folgen römischer Machtentfaltung weit über die Grenzen Italiens hinaus. Die Probleme und die sich daraus ergebenden Folgen werden in den weiteren Stunden der Unterrichtseinheit immer wieder aufgegriffen und exemplarisch für die germanischen Provinzen untersucht und weiterverfolgt.

Bei der Frage nach den Motiven begnügt sich diese Stunde bewußt mit der Feststellung, daß auch die antiken Quellen in ihrer Beurteilung äußerst kontroverse Aussagen machen, ohne daß jedoch auf die Qualität oder Wahrscheinlichkeit der einzelnen Quellenaussage näher eingegangen wird. Auch eine weitergehende Vertiefung des Problemkreises „römischer Imperialismus" wird mit Bedacht vermieden, er sollte einer höheren Klassenstufe vorbehalten bleiben.

Die gesamte Stunde ist so angelegt, daß der Schüler bereits vorhandenes Wissen aus früheren Unterrichtseinheiten einbringen kann und ihm gleichzeitig, vermittels des Zeitstrahls, die Möglichkeit gegeben wird, seine Kenntnisse in einen zeitlichen Gesamtzusammenhang einzufügen, der die Orientierungsbasis für die gesamte Unterrichtseinheit darstellt. Die Verwendung des Zeitstrahls ist besonders aus entwicklungspsychologischer Sicht gerechtfertigt, weil Zeiteinheiten nur mit Hilfe von anschaulichen „Übersetzungen" ins Bewußtsein von Kindern der anzusprechenden Altersstufe zu heben sind (vgl. Piaget, J.: Die Bildung des Zeitbegriffs beim Kinde, Zürich 1966; Hug, W.: Geschichtsunterricht i.d. Praxis der Sek. I, 1977, S. 74ff.).

Sowohl in U'schritt 1 als auch in U'schritt 2 wird im methodischen Bereich besonderer Wert darauf gelegt, daß die Schüler lernen, graphische und kartenbildliche Informationen zu erfassen, daraus Schlüsse zu ziehen und diese anschließend zu verbalisieren. Diese, besonders im Geschichtsunterricht wichtige Vorgehensweise wird auch in den folgenden Stunden der Unterrichtseinheit immer wieder verwendet und kann nicht früh genug eingeübt werden (vgl. Schwalm, E.: Instrumentale und kognitive Lernziele bei der Kartenarbeit im Geschichts- und Politikunterricht, in: Anmerk. u. Argumente 7.2, Medien, Stuttgart 1978, S. 128f.).

Es empfiehlt sich, am Ende des U'schrittes 1, die Schlußfolgerungen aus dem Zeitstrahl, die in Gruppen- oder Partnerarbeit gefunden werden sollen, in spielerischer Weise in verbale Äußerungen umsetzen zu lassen, indem der Lehrer die jeweiligen Gruppen auffordert, jede neu gefundene Erkenntnis an die Tafel zu schreiben. Die dadurch erzeugte produktive Konkurrenz hat auf Schüler dieser Altersgruppe eine stark motivierende Wirkung, strafft den Unterricht und bezieht die Schüler aktiv in den Unterrichtsverlauf mit ein.

Der Gesprächsimpuls am Ende des U'schrittes 2, ob der römischen Machtexpansion möglicherweise ein System zugrunde gelegen hat, ist in erster Linie als „methodischer Trick" gedacht, um die Schüler dazu anzuhalten, einen Standpunkt einzunehmen und diesen vor allem zu begründen. Eine tatsächliche Entscheidung dieser auch in der Wissenschaft umstrittenen Frage kann nicht das Ziel sein. Das Tafelbild zu dieser Stunde versteht sich als Vorschlag. Besonders auf der „Problem"-Seite finden Schüler häufig noch mehr, als die aufgeführten Argumente. Hier sollte der Lehrer flexibel sein und über den Vorschlag hinausgehende Schülerbeiträge ins Tafelbild mit aufnehmen.

Ziele der Stunde

Die Schüler erarbeiten
- daß die Gründung der germanischen Provinzen zeitlich in die Endphase der römischen Machtausdehnung fällt,
- die zeitliche Gliederung der Römischen Geschichte,
- die Phasen der römischen Provinzgründungen,
- Art und Umfang der Machtausdehnung des Römerreiches anhand von Karten,
- Gründe der Machtausdehnung Roms aus antiken Quellen.

Die Schüler erkennen
- den Zeitraum, den die Gründung von Provinzen innerhalb der römischen Geschichte einnimmt,
- daß dieser Zeitraum mit der Blütezeit des römischen Reiches zusammenfällt,
- die Probleme, die sich aus der Errichtung des römischen Weltreiches ergaben,
- daß antike Quellen oft widersprüchliche Aussagen beinhalten.

Die Schüler beurteilen
- die Probleme, die sich aus der römischen Expansion ergaben, und reflektieren deren mögliche Folgen.

Verlaufsskizze

Unterrichtsschritt 1:
Der Zeitraum römischer Provinzgründungen

In Anknüpfung an bereits bekannte Daten (Gründung Roms) und Begriffe (Einteilung der römischen Geschichte in Königszeit, Republik und Kaiserzeit) beginnt der Lehrer die Stunde mit einem Zeitstrahl (s. Stundenblatt), der die gesamte römische Geschichte von der sagenhaften Gründung Roms bis ins 5. Jh. n. Chr. umfaßt. Zur besseren Orientierung und gleichzeitigen Wiederholung werden die den Schülern bereits vertrauten Grundbegriffe (Einteilung der röm. Geschichte) eingetragen. Der Lehrer führt nun die Schüler mittels eines kurzen Lehrervortrags an den thematischen Gesamtkomplex der Unterrichtseinheit heran, in deren Mittelpunkt die römische Provinzialpolitik steht. (*Stichworte zum LV:* Sagenhafte Gründung Roms 753 v. Chr.; Ausbreitung der Römischen Herrschaft in Italien; Errichtung der Provinz Sizilien 242 v. Chr.; rasche Zunahme der Provinzgründungen in der Folge; Ausdehnung des röm. Herrschaftsanspruches im Mittelmeerraum; Einrichtung der germanischen Provinzen, die das Thema der UE darstellen, 85 n. Chr.). Anschließend werden im Zeitstrahl Zeiträume und Zahl der Provinzgründungen nachgetragen und besonders auf das Jahr 85 n. Chr. hingewiesen, in dem die Provinzen Germania inferior und Germania superior eingerichtet wurden. In einer Stillarbeitsphase sollen die Schüler in Gruppenarbeit oder Partnerarbeit

Erkenntnisse aus den Angaben des Zeitstrahls finden und formulieren. Jede Gruppe kann hierbei die von ihr gefundenen Ergebnisse selbständig an der Nebentafel festhalten.
Erwartete Schüleräußerungen:
- keine Provinzgründungen in den ersten 300 Jahren der Römischen Geschichte;
- Ausdehnung des römischen Herrschaftsgebietes bereits seit Mitte der römischen Republik;
- in der Phase der röm. Republik erfolgten im Zeitraum von 215 Jahren 19 Provinzgründungen;
- in der römischen Kaiserzeit erfolgten im Zeitraum von 142 Jahren 27 Provinzgründungen;
- die Errichtung der germanischen Provinzen fällt in die Endphase der röm. Provinzgründungen;
- die Zeitspanne der röm. Provinzgründungen ist ungefähr identisch mit der Hochblüte des Römerreiches.

Unterrichtsschritt 2:
Die Erweiterung des römischen Herrschaftsbereichs

Anhand von Kartenmaterial wird die Betrachtung der Ausdehnung des römischen Weltreiches von seiner Entstehung bis zum Erreichen seiner maximalen Größe nochmals verdeutlicht. Die Arbeitsform wird sich dabei nach dem verwendeten Medium richten, das für diese Phase zum Einsatz kommt:
Wandkarte, Geschichtsatlas (z.B. Putzger, S. 24), Overheadfolien (Westermann 356473, Das römische Reich, 6F; Westermann 356402, Entstehung des römischen Weltreiches, 6F), Kartendarstellungen in Lehrbüchern (Fragen an die Geschichte, Bd. 1, S. 86/87, K2, K3; S. 118, K3; Gesch. Weltkunde, Bd. 1, S. 57; Zeiten u. Menschen, Bd. 1, S. 141, S. 176; Zeitaufnahme, Bd. 1, S. 108, S. 79; Grundzüge d. Gesch., Bd. 1; Menschen in ihrer Zeit, Bd. 1, jeweils hintere Einbandklappe)
Erschließende Fragen zur Kartenarbeit:
- Wie und von wo aus erfolgte die Gründung der Provinzen?
- Steckt hinter der Provinzgründung vielleicht ein System? Welche Fakten sprechen dafür, welche dagegen? (Zur Beantwortung dieser Frage vgl. Vorbemerkungen zu dieser Stunde.)

Unterrichtsschritt 3:
Motive der römischen Provinzgründungen

Erfahrungsgemäß ergibt sich aus der Kartenarbeit in U'schritt 2 von selbst die Schülerfrage, weswegen die Römer eigentlich Provinzen eroberten und ihrem Reich einverleibten. Diese Frage sollte vom Lehrer an die Klasse zurückgegeben werden; diesbezüglichen Spekulationen der Schüler wird man freien Lauf lassen. Die Schüleräußerungen werden in der folgenden Arbeitsphase mit Hilfe von Quellen überprüft (siehe Vorschlag für ein Arbeitsblatt, S. 27), wobei neben der eigentlichen Textaussage auch die Person des Autors und der Entstehungszeitpunkt der Aussage Berücksichtigung finden sollten. (Vergil sieht den Vorgang der Provinzgründung in dichterischer Verklärtheit; Cicero urteilt ebenfalls in idealisierter Rückwärtsgewandtheit; Livius betreibt Hofberichterstattung; Plutarch und Tacitus schreiben über eine Zeit, die sie nicht selbst erlebt haben; Mithridates läßt in der Charakterisierung bei Sallust eigene negative Erfahrungen einfließen.)
Die Schüler erkennen bei ihrer Arbeit, daß die antiken Quellen in ihrer Aussage durchaus uneinheitlich sind, sich teilweise sogar widersprechen. Aus der Quellenlage läßt sich daher nur ein ganzes Motivbündel entnehmen. Diese Ergebnisse der Quellenarbeit werden zusammengefaßt

Übersicht über die Auswertung der Quellen

Autor	Motive	Methoden
DIODOR		Tapferkeit der Heere; Anständigkeit in der Behandlung der Unterworfenen; später: Herrschaft durch Terror, Vernichtung, Angst und Schrecken
VERGIL	Berufung Roms zur Herrschaft über die Völker und zur Ordnung des Friedens	
Mithridates von Pontus nach SALLUST	Unermeßliche Begierde nach Herrschaft und Reichtum	Aneinanderreihung von Kriegen
LIVIUS	Rom führt Krieg für Frieden, Recht und Gesetz und gegen ungerechte Herrschaft	Krieg
CICERO	Wirtschaftliche Gründe: z. B. Getreide für Rom; Militärische Gründe: Schutz und Beistand im Kriegsfall für die Römer	Schutz und Erhaltung der Provinz
PLUTARCH		Krieg, Schlachten, Zerstörung
TACITUS	Schutz gegen feindliche Völker; Beistand der Provinzen im Kriegsfall	Stationierung vieler Truppen

und in das Tafelbild eingearbeitet. Daß aus den Provinzen auch Steuern nach Rom flossen trägt der Lehrer nach.

Erweiterung evtl. Hausaufgabe:

Außer den Motiven sollen die Schüler auch die Methoden der Provinzeroberung aus den Quellen erarbeiten.

Unterrichtsschritt 4:
Probleme der Machtausdehnung Roms

Anknüpfend an die Vorkenntnisse der Schüler um die Probleme des Alexanderweltreiches werden im Lehrer-Schüler-Gespräch unter Zuhilfenahme der Wandkarte oder des Geschichtsatlas (z. B. Putzger, S. 24) die Folgen der Expansion Roms in Form der Provinzeroberungen problematisiert. Die Ergebnisse ergänzen das Tafelbild. Am Schluß der Stunde weist der Lehrer darauf hin, daß in dieser Unterrichtseinheit – stellvertretend für alle anderen – die Provinz Germanien im Mittelpunkt der Betrachtungen stehen wird und untersucht werden soll, wie die Römer Germanien eroberten, verwalteten, welche Probleme sich dabei für die Beteiligten ergaben und welche Folgen dies alles hatte.

Mögliche Hausaufgabe:

Arbeite aus den Quellen (Arbeitsblatt) die Methoden der Römer bei der Eroberung der Provinzen heraus!
Wieso kommen die Schriftsteller zu so unterschiedlichen Einschätzungen?

Vorschlag für ein Arbeitsblatt (1. Stunde, U'schritt 3)

1. **DIODOR (60–20 v. Chr.)**
   griech. Schriftsteller
   „Die Römer errichteten ihre Weltherrschaft durch die Tapferkeit ihrer Heere und die (...) ungewöhnlich anständige Behandlung der Unterworfenen. Und so blieben sie frei von aller Grausamkeit und Rachsucht den Unterworfenen gegenüber (...). Als die Römer aber nahezu die ganze bewohnte Erde beherrschten, da begannen sie, ihre Herrschaft durch Terror und die Vernichtung der ansehnlichsten Städte zu vernichten (...) und hielten viele durch Angst und Schrecken darnieder."

   (nach: Geschichte in Quellen, Bd. 1, Altertum. Bearb. v. W. Arend, München 1965, S. 456)

2. **VERGIL (1. Jh. v. Chr.)**
   römischer Dichter
   „Du aber, Römer, gedenke mit Macht der Völker zu walten. / Dies sei deine Berufung – des Friedens Gesetze zu ordnen, / Schone den, der sich fügt, doch brich den Trotz der Rebellen."

   (aus: Vergil, Aeneis VI, 849–853, übersetzt v. W. Plankl/K. Vretska, Reclam, Stuttgart ^{2}1957)

3. **SALLUST (1. Jh. v. Chr.)**
   römischer Schriftsteller
   Läßt in seinem Bericht Mithridates, König von Pontus am Schwarzen Meer, sprechen:
   „Die Römer haben ein einziges und uraltes Motiv dafür, mit allen Nationen und Völkern und Königen Krieg anzufangen: unermeßliche Begierde nach Herrschaft und Reichtum (...). Dadurch, daß sie Krieg an Krieg reihten, sind sie groß geworden."

   (aus: Sallust, Historien 4,69, M. W. Arend, a.a.O., S. 505)

4. **LIVIUS (59 v. – 29 n. Chr.)**
   röm. Geschichtsschreiber
   „Wir sind das Volk, das Kriege führt für die Freiheit anderer, damit nirgends ungerechte Herrschaft besteht, sondern überall Recht und Gesetz."

   (nach Schmid, Fragen an die Geschichte, Bd. 1, S. 88)

5. **CICERO (1. Jh. v. Chr.)**
   röm. Redner, Schriftsteller und Politiker
   „Aller Nutzen und Vorteil dieser Provinz (Sizilien) (...) besteht vor allem in ihren Getreidelieferungen; alles andere, was aus dieser Provinz kommt, bedeutet zusätzliche Hilfe für uns, mit ihrem Getreide ernährt und erhält sie uns (...). Beachtet nun die Weisheit unserer Vorfahren: sie hatten Sizilien, eine so vorteilhafte Hilfsquelle für Krieg und Frieden, an unseren Staat angeschlossen, waren jedoch so ernsthaft bemüht, die Sizilier zu beschützen und sich zu erhalten."

   (aus: Cicero, Reden gegen Verres, übersetzt von W. Arend nach F. Spiro, Geschichte in Quellen 1, Nr. 469, S. 500f., 1978)

6. **PLUTARCH (50 n. – 120 n. Chr.)**
   griech. Philosoph und Schriftsteller
   „Jetzt zeigte er sich als Krieger und Feldherr (gemeint ist Caesar bei der Eroberung Galliens. Anm. d. Verf.) größer als die berühmtesten Kriegshelden. (...) Nur in einem erreichte ihn keiner von all seinen Vorgängern: in der Zahl der Schlachten und in der Größe der Verluste, die er den Feinden brachte. Denn der Krieg, den er in Gallien führte, dauerte nicht ganz zehn Jahre, und in dieser Zeit nahm er über achthundert Städte im Sturm, bezwang dreihundert Völkerschaften und kämpfte gegen drei Millionen. Eine Million tötete er im Kampf, und eine andere nahm er gefangen."

   (aus: Plutarch, C. J. Caesar, 15, Röm. Heldenleben, übertr. und hrsg. von W. Ax, Stuttgart 1957)

7. **TACITUS (56–120 n. Chr.)**
   röm. Geschichtsschreiber
   „Italien wurde geschützt durch je eine Flotte in den beiden Meeren (Zeit: 23

n. Chr., Anm. d. Verf.) (...). Die hauptsächlichste Truppenmacht, acht Legionen, befand sich am Rhein, zum Schutze sowohl gegen die Germanen als gegen die Gallier. Das neuerdings unterworfene Spanien war von drei Legionen besetzt. (...) In den übrigen Teilen Afrikas standen zwei Legionen, in Ägypten ebenso viele, dann hielten in dem gewaltigen Landstrich von Syrien bis hin zum Euphrat vier Legionen die Ordnung aufrecht; (...) Das Donauufer beherrschten zwei Legionen (...); ebenso viele standen in Dalmatien, die nach Lage dieses Landes den Rückhalt für jene bildeten und ebenso schnell zur Stelle sein konnten, wenn in Italien plötzliche Hilfe nötig war."

(aus: Tacitus, Annalen, deutsch von A. Honeffer, Stuttgart 1957)

2. Stunde
Roms Vorstoß nach Germanien

Fachwissenschaftliche und didaktische Vorbemerkungen

Das Vordringen der Römer an Rhein und Donau, vor allem aber die Stationen der Besetzungsgeschichte Südwestdeutschlands, bilden den Schwerpunkt der Stunde. Einleitend sollen daher die ersten, schon in die Zeit der Republik zurückreichenden Kontakte der Römer mit den Germanenstämmen der Cimbern und Teutonen, Caesars Feldzüge in Gallien sowie die Expeditionen und Kriegszüge des Drusus und des Tiberius in augusteischer Zeit vorangestellt werden. (Vgl. hierzu Zusatzinformation: Zeittafel, 1. Teil; vgl. auch Baatz, D.: Der römische Limes, S. 9ff.; Filtzinger, Ph., et al.: Die Römer in Baden-Württemberg, S. 23ff.)
Neben der Kenntnis der Vorgeschichte der Eroberung des Landes zwischen Rhein, Elbe und Donau sollen durch diesen Stundeneinstieg auch elementare geographische Grundkenntnisse (Lage Galliens, der Bereich der „agri decumates“, der Verlauf der genannten Flüsse, etc.) über den Raum vermittelt werden, in dem sich die römische Besetzungsgeschichte Germaniens abgespielt hat und in dem die Themen der folgenden Stundenvorschläge angesiedelt sind. Eine Wandkarte (z.B. Das römische Reich zur Zeit Caesars, Velhagen und Klasing, Nr. 23) oder die Verwendung einer Folie (z.B. Das römische Reich, Westermann 356473) ist daher für diese Einstiegsphase unverzichtbar.
Wurden in der ersten Stunde schon generelle Motive für die Machtausdehnung Roms erarbeitet, so kann in dieser Stunde am speziellen Beispiel erörtert werden, weshalb die Römer einen Grenzverlauf entlang des Rheins, sowie südlich auf einer Linie parallel zur Donau (vgl. Arbeitsblatt: gestrichelte Linie) auf Dauer nicht akzeptieren wollten. (Besonders während des Bataveraufstandes unter Civilis, 68/69 n. Chr., erwies sich dieser Grenzverlauf als zu umständlich, da die Donaulegionen und die Truppen aus Noricum und Raetien einen großen Umweg und Zeitverlust in Kauf nehmen mußten, um der Armee am Niederrhein gegen die Aufständischen zu Hilfe zu eilen. Die Einbeziehung des Dreiecks zwischen Oberrhein, oberer Donau und Neckar entsprach daher vorwiegend strategischen Bedürfnissen.)
Der zentrale Aspekt dieser Stunde, das Vordringen der Römer bis zur Errichtung der Limites Ende des 1. und im 2. Jahrhundert, wurde so angelegt, daß die Schüler diese Entwicklung – in einer zwar durch ein Arbeitsblatt vorstrukturierten

Art und Weise – aber dennoch in Form einer entdeckenden Lernstrategie eigenständig erarbeiten und danach die gewonnenen Ergebnisse in eigenen Aussagen formulieren. „Eine Strategie des entdekkenden Lernens zielt u. a. darauf ab, die Lernschritte so zu arrangieren, daß sie Erkenntnisakte und Aha-Erlebnisse auslösen und herbeiführen können.“ (Hug, W.: Geschichtsunterricht in der Praxis der Sek.Stufe I, S. 152) Gleichsam spielerisch kommt der Schüler also zu Ergebnissen, die ihm länger im Gedächtnis haften bleiben, als würden sie ihm anhand der Wandkarte frontal präsentiert.

Aus Gründen der Überschaubarkeit wurde die Zahl der Kastelle und Lager, die im Arbeitsblatt eingezeichnet sind, stark reduziert – die Karte gibt daher nicht die reale Fundlage wieder.

Die häufige Schülerfrage, wie denn ein Kastell heute noch so genau datiert werden kann, wie das im Arbeitsblatt der Fall ist, sollte den Lehrer zu einem Exkurs über Datierung römischer Funde veranlassen.

Meist können Fundmünzen oder bestimmte, schon damals gewissen Modetrends unterworfene Stile der Keramikfunde oder Gewandfibelreste bei der Datierung einen gewissen zeitlichen Orientierungsrahmen bieten. Relativ genaue Datierungen erlaubt heute die Anwendung der Dendrochronologie (Jahresringzählmethode) und der Pollenanalyse, wenn, im ersten Fall, hölzerne Reste sich erhalten haben, oder, im zweiten Fall, ungestörte Bodenschichten an der Fundstelle angetroffen werden. Bisweilen finden sich auch Inschriften, die für die Datierung wichtige Angaben enthalten. Insgesamt ergibt jedoch meist erst der gesamte Fundzusammenhang eine gesicherte Datierung.

Durchaus legitim, weil letztlich erkenntnisfördernd, ist das sofortige Infragestellen der Arbeitsergebnisse der Schüler am Ende des U'schrittes 3 durch den Lehrer. (Auch in diesem Zusammenhang könnte die Datierungsproblematik sinnvoll erörtert werden.) Der Schüler wird dadurch herausgefordert, die eigenen Arbeitsergebnisse, nachdem er sie formuliert hat, nun auch noch zu verteidigen. Einerseits werden dadurch stark motivierende Wirkungen erzeugt, andererseits verlangt dieses Vorgehen vom Schüler, einen eigenen Standpunkt einzunehmen und diesen argumentativ schlüssig zu vertreten. Nicht zuletzt wird der Schüler am Ende auch dadurch positiv verstärkt, recht gehabt zu haben, wie der Vergleich mit der Tacitus-Stelle am Stundenende zeigen wird.

Ziele der Stunde

Die Schüler erkennen
- daß archäologische Funde durch den Vergleich mit literarischen Quellen in ihrer Aussage überprüft werden können,
- die Vorgehensweise der Römer bei der Besetzung und Eroberung Germaniens,
- die Funktion des römischen Heeres bei der Erweiterung des römischen Machtbereichs.

Die Schüler erarbeiten
- die Stationen der Erweiterung des römischen Imperiums auf germanischem Boden und rekonstruieren die Vorverlagerung der Grenze nach Germanien im 1. und 2. Jahrhundert n. Chr.,
- die Motive der Römer für diese Grenzverlagerungen,
- den Verlauf des obergermanisch-raetischen Limes und erkennen ihn als Maximalstadium der römischen Expansion in Obergermanien.

Die Schüler beurteilen
- die Gründe für die erfolgten Grenzverlagerungen,
- das Vorgehen der Römer.

Verlaufsskizze

Unterrichtsschritt 1:
Die römische Germanienpolitik bis zum augusteischen Prinzipat

In diesem Unterrichtsschritt soll ein kursorischer Überblick über die Germanienpolitik von Caesar bis in die augusteische und tiberische Zeit vermittelt werden. Mehrere Möglichkeiten stehen für den Stundeneinstieg zur Wahl:

Variante 1:
Eine Schülergruppe oder aber auch die ganze Klasse kann das Lied „Als die Römer frech geworden..." vortragen. Bei entsprechender Stundenplanung kann das Lied auch im fächerübergreifenden Verfahren vom Musiklehrer mit der Klasse einstudiert werden. Nach dem Liedvortrag ist die Aussage des Liedtextes mit dem entsprechenden historischen Hintergrund auszufüllen (U'gespräch). (Vgl. hierzu Völker, W.: Als die Römer frech geworden, Berlin 1981)

Variante 2:
Lehrererzählung über das Vordringen der Kimbern und Teutonen nach Süden über die Alpen, Caesars Gallienkriege und seine Begegnung mit Ariovist, die Germanienfeldzüge von Drusus bis Tiberius und schließlich die Varusschlacht im Teutoburger Wald (vgl. Zeittafel, 1. Teil).

Variante 3:
Bei entsprechender Vorplanung kann dieser historische Überblick auch von Schülerseite in Referatform dargeboten werden. Zusätzlich zur Zeittafel, Teil 1, könnte an Material verwendet werden:
Holler, E.: Geschichte in Geschichten (dtv-junior 7243), S. 20f.; Filtzinger, Ph.: Limesmuseum Aalen, S. 12f.; Baatz, D.: Der römische Limes, S. 9–11; Menschen in ihrer Zeit, Bd. 1, S. 103–106; Zeitaufnahme, Bd. 1, S. 106.
Das Referat sollte in dieser Altersstufe sowohl stofflich als auch hinsichtlich des zeitlichen Umfangs sehr begrenzt gehalten werden.

Variante 4:
Bei Zeitmangel kann der historische Überblick auch über die 2. Sequenz des Unterrichtsfilmes „Die Römer zwischen Donau und Rhein", Institut für Weltkunde in Bildung und Forschung (WBF), vermittelt werden.
Bei allen Einstiegsvarianten sollte die Wandkarte als Anschauungsgrundlage nicht fehlen (vgl. fachwissenschaftliche und didaktische Vorbemerkungen zu dieser Stunde).

Unterrichtsschritt 2:
Römischer Vorstoß über Rhein und Donau im 1. Jh. n. Chr.

Der Lehrer zeigt auf der Wandkarte den Grenzverlauf zwischen römisch besetztem Gebiet und Freiem Germanien zur Zeit des Augustus und Tiberius (Rheingrenze: gesichert durch die Kastelle und Legionslager Mainz, Speyer, Basel, weitergeführt über Windisch, Bregenz, Kempten und Gauting; vgl. gestrichelte Linie auf dem Arbeitsblatt). Im Lehrer-Schüler-Gespräch kann hier bereits die Problematik des Grenzverlaufes diskutiert werden (lange Grenze, lange Wege, Flüsse als leicht überwindbare Grenzen, personalintensive Grenzüberwachung etc.).
Im Anschluß berichtet der Lehrer über Funde aus römischer Zeit aus einem Gebiet, das zu dieser Zeit noch nicht römisch besetzt war, etwa aus dem später Decumatland (agri decumates) genannten Teil der späteren Provinz Obergermanien. Sollten keine der häufig in Lokalzeitungen publizierten Fundberichte zur Hand sein, leistet Filtzinger, Ph., et al.: Die Römer in Baden-Württemberg, a.a.O., für diesen

Zweck wertvolle Dienste. Dabei stellt sich die zu diskutierende Frage, wie römische Gegenstände dorthin gekommen sein können, wo dieses Gebiet nach dem bisherigen Informationsstand der Klasse doch gar nicht römisch besetzt war. (Mögliche Schülerantworten: Handelsbeziehungen, vielleicht doch römische Besetzung?) Daraus ergibt sich die Fragestellung, die an der Tafel fixiert wird: Wie, wann und weshalb drangen die Römer in das Land zwischen Rhein und Donau vor? Kamen sie überhaupt dorthin?

Unterrichtsschritt 3:
Die Vorverlegung der nördlichen Reichsgrenzen und die Errichtung des obergermanisch-raetischen Limes

Mit Hilfe des Arbeitsblattes 1 sollen die Schüler diese Frage nun selbst einer Lösung näherbringen. Nach Bearbeitung der Arbeitsaufträge 1–4 sollen die Schüler mit wenigen Sätzen (Arbeitsauftrag 5), möglichst präzise und unter Verwendung aller ihnen bis zu diesem Zeitpunkt verfügbaren Angaben die herausgefundene Entwicklung in eigenen Worten schriftlich fixieren.

Erwartete Schüleräußerungen:
a) Zwischen 41 und 54 n. Chr. wurde im Bereich der Neckarmündung die Rheingrenze überschritten und im Süden die Donaugrenze erreicht.
b) Zwischen 69 und 79 n. Chr. wurde die Donaugrenze weiter nach Norden verlagert und mit der Rheingrenze bei Straßburg verbunden und dadurch verkürzt.
c) Zwischen 83 und 85 n. Chr. wurde auf der Höhe von Mainz die Grenze weit auf rechtsrheinisches Gebiet vorgeschoben und weiter südlich entlang des Neckars an die südliche Grenze nördlich der Donau angeknüpft.
d) Im 2. Jh. wurde die Westgrenze noch weiter westlich vorverlegt.

Mögliche Motive: Grenzverkürzung; bessere Verbindung der römisch besetzten Gebiete untereinander.

Nachdem dieses Ergebnis nun für alle Schüler sicher festzustehen scheint, sollte der Lehrer Zweifel an der Richtigkeit dieser Ergebnisse äußern und die Schüler provozieren, nach Beweisen oder Belegmöglichkeiten für die Richtigkeit ihrer Ergebnisse zu suchen. Mit gezielten Fragen (Gibt es Möglichkeiten, über andere Quellen die Richtigkeit der Ergebnisse zu überprüfen?) kann der Lehrer hier, wenn nötig, die Bemühungen der Schüler in die gewünschte Richtung lenken.

Unterrichtsschritt 4:
Überprüfung mit Hilfe einer literarischen Quelle

Ist die Möglichkeit des Vergleichs der gewonnenen Ergebnisse mit einer literarischen Quelle erst gefunden, wird hierzu der Arbeitstext Tacitus, Germania 29, herangezogen. Gleichzeitig sollen die Schüler herausfinden, welche neuen, die archäologischen Funde ergänzenden Informationen diese Quelle liefert (Begriffe: Zehntland, Errichtung eines Grenzwalls – Limes, Name der Provinz Obergermanien). Nach entsprechender Erklärung durch den Lehrer können diese Begriffe in die Karte des Arbeitsblattes übertragen werden und die rote Linie 3–18 sowie die orange Linie 7–20 mit einer Grenzsignatur versehen werden.
Dabei kann vom Lehrer auf die Vorverlegung des obergermanischen Limes im 2. Jh. n. Chr. näher eingegangen werden oder auf die Frage, weshalb zwischen den Kastellen Nr. 18 und Nr. 7 keine Grenzbefestigung existierte (Flußgrenze Main).

Zeittafel zur römischen Besetzungsgeschichte Südwest- und Westdeutschlands

Teil 1

113 v. Chr.	Erster Germanenkontakt der Römer, als die Kimbern und Teutonen über die Alpen nach Italien vordringen (Aufkommen des Schlagwortes vom „furor teutonicus"); Marius schlägt die Germanen bei Aquae Sextiae (Aix-en-Provence) und Vercellae (Vercelli) 102/101 v. Chr.
58–50 v. Chr.	Gallienfeldzüge des Caesar, dabei Kontakt mit den Sueben unter Führung des Ariovist, die mehrfach über den Rhein angreifen und auf linksrheinisches Gebiet vordringen; der Rhein wird westliche römische Reichsgrenze.
16 v. Chr.	Der germanische Stamm der Sugambrer dringt nördlich von Bonn auf rechtsrhein. Gebiet vor, schlägt die römische legio V und erbeutet den Legionsadler.
16–13 v. Chr.	Gliederung Galliens in drei Provinzen: Belgica, Lugdunensis, Aquitania. Zu dieser Zeit entsteht der Plan der Unterwerfung Germaniens bis zur Elbe und der Vorverlegung der Nordgrenze Italiens bis zur Donau.
15. v. Chr.	Rom besetzt Noricum, Raetien (Oberschwaben) und Vindelicien (Teile von Bayern).
12 v. Chr.	Drusus eröffnet die Offensive gegen Germanien (12–9 v. Chr.).
9 v. Chr.	Drusus erreicht die Elbe.
5 v. Chr.	Nach den Feldzügen des Tiberius wird Germanien bis zur Elbe zur röm. Provinz. Hauptstadt wird Köln/oppidum Ubiorum. (Vgl. hierzu Fachwissenschaftl. Aspekte des Themas.)
9 n. Chr.	Germanische Stämme unter Führung des Cheruskerfürsten Arminius reiben die 17., 18. und 19. Legion im Teutoburger Wald auf. Die römische Herrschaft rechts des Rheins bricht völlig zusammen.
Ab 16 n. Chr.	Die römischen Armeen haben sich hinter den Rhein zurückgezogen und verteidigen von dort aus die Rheingrenze.

Teil 2

41–54 n. Chr.	Unter Kaiser Claudius werden Raetien und Vindelicien römische Provinzen. Die Nordgrenze der neu errichteten Provinzen schützen Kastelle an der oberen Donau (Donaulimes: Straße von der oberen Donau über Hüfingen/Schwarzwald nach Riegel und Sasbach/Kaiserstuhl).
69–79 n. Chr.	Unter Vespasian Bau einer Straße von Straßburg/Argentorate durch das Kinzigtal nach Rottweil/Arae Flaviae zur Donau. Sicherung durch Kastelle (Neckar-Alb-Limes).
83 n. Chr.	Kaiser Domitian leitet mit dem Krieg gegen die Chatten die Besetzung Südwestdeutschlands ein.
ab 85 n. Chr.	Die bis dahin zur Provinz Gallia Belgica gehörenden Militärbezirke rechts des Rheines werden zu den Provinzen Germania superior und Germania inferior.
In der Folge:	Errichtung des Taunus-Wetterau-Main-Odenwald-Neckar-Limes.

Vorschlag für ein Arbeitsblatt (2. Stunde, U'schritt 4)

Aus: Tacitus, Germania, 29

„Hingegen möchte ich die Bewohner des Zehntlandes nicht zu den Germanen rechnen, obwohl sie jenseits von Rhein und Donau wohnen.* Allerlei zweifelhaftes Volk aus Gallien und Leute, die die Not verwegen gemacht hatte, eigneten sich in diesem Gebiet, dessen Besitzverhältnisse ungeklärt waren, Grund und Boden an. Nun aber, seitdem wir den Grenzwall angelegt haben und die Besatzungen vorgeschoben haben, ist dieses Gebiet Vorland unseres Reiches und Teil unserer Provinz Obergermanien geworden."

* Anmerk. d. Verf.: Hier irrte Tacitus. Es handelte sich dabei sehr wohl um Germanen.

Zusatzinformation zur Vorverlegung des obergermanischen Limes im 2. Jh. n. Chr.:

„Eine im Kastell Jagsthausen gefundene Bauinschrift aus der Zeit des Antoninus Pius (138–161) beweist, daß noch zu dessen Lebzeiten diese letzte Grenzkorrektur in Obergermanien erfolgt sein muß." (Filtzinger, Ph., et al.: Die Römer in Baden-Württemberg, S. 77). „Vermutlich waren die Änderungen am Limes römische Reaktionen auf Völkerbewegungen und Machtverschiebungen im germanischen Raum. (...) Anscheinend war es schon in der Mitte des 2. Jh. gelegentlich zu Spannungen an der Grenze gekommen. Die Römer hielten es daher für geboten, das Land östlich vom Neckar, das schon seit einiger Zeit unter ihrem Einfluß stand, durch einen neuen Limes zu schützen und die Grenzlinie völlig zu schließen."
(Baatz, D.: Der römische Limes, S. 61)

Hausaufgabe:

Die Schüler sollen, vorbereitend auf die folgende Stunde, Informationen zum Limes sammeln (Verlauf, Aussehen, Zweck, etc.).

3. und 4. Stunde
Die Funktionen des römischen Limes

Fachwissenschaftliche und didaktische Vorbemerkungen

Wenn im folgenden der Begriff „Limes" verwendet wird, soll darunter ausschließlich der obergermanische und raetische Limes verstanden werden. Er ist der markanteste, aber nur einer aus der Zahl der römischen Limites auf deutschem Boden. Entlang des Rheins existierte ein niedergermanischer Flußlimes, die Spätantike kannte noch Limites an Rhein, Iller und Donau. Der obergermanisch-raetische Limes stellt daher nur „einen zeitlich und örtlich begrenzten Ausschnitt aus dem Gesamtkomplex der römischen Limites in Baden-Württemberg dar" (Nuber, H.-U.: Limesforschung in Baden-Württemberg, in: Denkmalpflege in Baden-Württemberg 3/1983, S. 109f.).
Heute wird im allgemeinen Sprachgebrauch der Begriff „Limes" gewöhnlich im Sinne von „Grenze" bzw. „Reichsgrenze" verwendet. Tatsächlich erhielt der Limesbegriff diesen Bedeutungsgehalt erst an der Wende zum 2. Jh. n. Chr. durch Taci-

tus, der in seiner Germania (Kap. 29) das Wort Limes in diesem Zusammenhang benutzte. Frontin (Strategemata I 3,10) und Velleius Paterculus (II,120) gebrauchen den Limesbegriff dagegen ausschließlich in seiner rein militärischen Bedeutung: offene Bahn oder Weg, der die Truppenbewegung gestattet. (Taktisches Schema zur Abwehr eines kleinen germanischen Überfalls am Limes, siehe Zusatzinformation.)

Im 2. und 3. Jh. n. Chr. endlich wird die Bezeichnung „Limes" auf den gesamten Grenzbezirk übertragen, umfaßt also Nachschubwege, Depots, Truppenlager u. ä. (Vgl. Baatz, D.: Der röm. Limes, a.a.O., S. 43)

(Zu den verschiedenen Bauphasen des Limes vgl. ebenda, S. 39–42. Funktion, Aussehen und Rekonstruktion römischer Wachtürme am Limes, vgl. Baatz, D.: Die Wachtürme am Limes. Kleine Schriften zur Kenntnis der röm. Besetzungsgeschichte, Bd. 15.)

Ebenso vielschichtig wie das Bedeutungsspektrum des Limes-Begriffes ist auch die tatsächliche Funktion des Limes selbst gewesen. In der moderneren Limesliteratur tritt die militärische Funktion des Limes in den Hintergrund. „So war der Limes keine Verteidigungslinie, sondern nur eine überwachte Grenze. Infolgedessen sind der Pfahlgraben in Obergermanien und die raetische Mauer keine Wehrbauten gewesen, sondern lediglich Annäherungshindernisse." (Baatz, D.: Die Wehrtürme ..., a.a.O., S. 46f.) „Daher hatte der Limes im Krieg kaum eine Bedeutung." (Baatz, D., Der röm. Limes, a.a.O., S. 44)

Daß die militärische Funktion des Limes nur eine unter mehreren anderen Funktionen war, macht der Vergleich des Limes mit der Chinesischen Mauer augenfällig. Dieses, unter Kaiser Quin-Shi-Huang-Di und daher in seiner Hauptbauphase etwa zeitgleich mit dem Limes entstandene Bauwerk (Vollendung erst im 16. Jh.), bezweckte ausschließlich die Abwehr mongolischer Nomadenstämme, die in unregelmäßigen Abständen von Norden eindrangen. Daß selbst diese gewaltige Mauer (sie ist das einzige, vom Mond sichtbare Bauwerk der Erde!) ihren Zweck letztendlich nicht erfüllte, bringt den Schüler beim Vergleich mit dem Limes und seinen Ausmaßen ganz von selbst zu der Erkenntnis, daß der Limes wohl in erster Linie nicht als Grenzbefestigung gedient haben kann. Gleichzeitig motiviert dieser Vergleich den Schüler dazu, selbst weiterzufragen und zu überlegen, welche Funktionen der Limes denn dann noch gehabt haben könnte. Es kommt hinzu, daß diese, vom Schüler selbst gefundene und für diese Stunden zentrale Fragestellung wesentliche Grundlagen für die Stunden des Blocks C (Stunde 9–11: Limes als Kontaktzone zwischen Römern und Germanen, Limesbereich als geographischer Ort der Anfänge der Romanisierung etc.) schafft und auch für Block D (Das Ende der römischen Besetzungsgeschichte Obergermaniens) eine unerläßliche Voraussetzung bildet. Beide Sequenzen können daher einzeln oder zusammen an diese Stunden angeschlossen werden.

Zusatzinformation: Chinesische Mauer

Die Große Chinesische Mauer zieht sich von Schanhai-guan am Gelben Meer bis nach Djiayü-guan in der Provinz Gansu. Die einfache Entfernung zwischen beiden Orten beträgt lediglich ca. 2500 km, viele Windungen, seitliche Verstärkungsarme und Verdoppelungen ergeben aber eine Gesamtlänge von ca. 6000 km. Gebaut wurde die Mauer als Schutz gegen die ständig aus dem Norden einfallenden Nomaden, die die im nordchinesischen Flachland ansässigen und Landwirtschaft treibenden Bauern überfielen und ausplünderten. Ca. 220 v. Chr. war der erste nennenswerte Abschnitt fertiggestellt und das Reich von einer durchlaufenden Mauer geschützt. Der Überlieferung zufolge sollen hier 10 Jahre lang 300000 Mann gearbeitet haben, außerdem sollen viele von den Tausenden von Unfallopfern dieser Riesenbaustelle mit vermauert worden sein, um die bösen Geister zu bannen. Die Fertigstellung des Gesamtbauwerks wurde erst in der vorletzten Dynastie der chinesischen Zeitrechnung, der Ming-Dynastie (1368–1644) erreicht, nachdem die Mauer zwischenzeitlich (ab dem 6. Jh.) wieder aufgegeben worden und zerfallen war.

Im Falle eines germanischen Angriffsversuches auf den Limes wurde per Licht- oder Brandzeichen diese Annäherung von den Turmbesatzungen an die Kastelle hinter dem Limes (Hilfstruppen) gemeldet. Von dort brachen Alen und Kohorten zur Bekämpfung der Eindringlinge auf, hatten aber auch die Möglichkeit, durch die Limestore ins Germanenland vorzustoßen und den Angreifern in den Rücken zu fallen.

Ziele der 3. und 4. Stunde

Die Schüler erkennen
- daß der Limes geschichtlich nicht ohne Parallele ist,
- daß der Limes noch andere als ausschließlich militärische Funktionen hatte (Kulturgrenze, Abschreckung, Frühwarnsystem, Überwachungsfunktion bzgl. Handelsverkehr und Bevölkerungszustrom),
- daß der Limes kein unüberwindliches Hindernis war, sondern nach beiden Seiten durchlässig,
- daß der Limes sowohl in der Phase seiner Erbauung als auch für den ordnungsgemäßen Betrieb großen personellen Aufwand erforderte,
- daß das Verhältnis zwischen Römern und Germanen in der Germania libera (Freies Germanien) keineswegs immer feindlich war,
- die Bedeutung des Begriffs ‚Zehntland' (agri decumates).

Die Schüler erarbeiten
- die baulichen Unterschiede von obergermanischem Limes und raetischem Limes,
- an ausgesuchten Informationen und Quellen weitere Funktionen des römischen Limes.

Zusatzinformation: (Möglichkeit zum Exkurs) Militärische Taktik am Limes

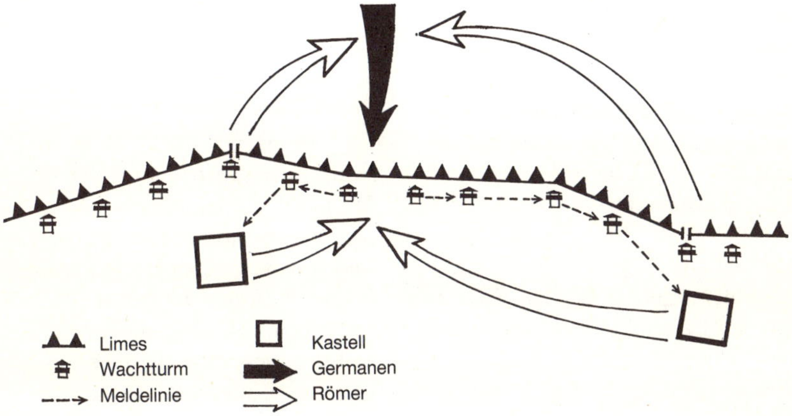

(aus: Baatz, D.: Der römische Limes, Berlin 1974, S. 45)

Die Schüler beurteilen
- die Brauchbarkeit des Limes als militärische Grenzverteidigungsanlage,
- die Bedeutung des Limes für die Herrschaftsausübung und Herrschaftsbefestigung Roms in der Provinz Obergermanien.

Verlaufsskizze 3. und 4. Stunde

3. Stunde

Unterrichtsschritt 1:
Verlauf und Erscheinungsbild des Limes

Als *Variante 1* für den Einstieg in das Thema wird ein Lehrer-Schüler-Gespräch empfohlen, in dem der Lehrer bereits vorhandene Vorkenntnisse der Schüler über Existenz und Verlauf des Limes erfragt. Besonders im württembergisch-bayerischen Raum wird dieser Einstieg sinnvoll sein, da die Schüler dieser Gegend den Limes vielleicht schon aus persönlicher Anschauung kennen. (Sind Schüler mit solchen Kenntnissen in der Klasse vorhanden, sollte der Lehrer ihrer Erzählung breiteren Raum widmen.)
Variante 2 sieht einen Einstieg über die Wandkarte vor (z.B. Die Römer in Deutschland, Velhagen und Klasing, Nr. 34), die den Verlauf des obergermanischen und raetischen Limes zeigt, es eignen sich aber auch Luftbilder des Limes oder Schrägaufnahmen der Spuren des Limes, die bis heute im Gelände sichtbar sind (z.B. Braasch, O.: Luftbildarchäologie in Süddeutschland, Kleine Schriften zur Kenntnis der römischen Besetzungsgeschichte Südwestdeutschlands, Heft 30, 1983).
Bereits zu diesem Zeitpunkt sollte vom Lehrer die Unterscheidung in obergermanischen und raetischen Limes getroffen werden.
Wird Variante 1 als Einstieg gewählt, so sollte die vorgeschlagene Kartenarbeit der Einstiegsvariante 2 trotzdem angehängt werden.
Im Lehrer-Schüler-Gespräch wird anschließend die Existenz dieser mehrere hundert Kilometer langen Mauer problematisiert (enormer Bauaufwand, hohe Baukosten, riesige Aufwendungen für Instandhaltung, hoher Aufwand an Besatzung mit Soldaten – wozu das alles?).
Die typische Schülerantwort auf die Frage nach dem Sinn und Zweck des Limes wird sein: Zur Verteidigung (gegen die Germanen). Diese Schüleraussage wird als Arbeitsfragestellung umformuliert und so an der Nebentafel fixiert: War der Limes eine Grenzverteidigungsanlage?

Unterrichtsschritt 2:
Der Limes – ausschließlich militärische Grenzanlage?

Den Schülern wird das Arbeitsblatt 2 (Chin. Mauer/Röm. Limes) ausgehändigt. Der Lehrer gibt einleitend eine kurze Erklärung zur chin. Mauer und zeigt deren Verlauf auf der Wandkarte. (Information zur chin. Mauer siehe Einführung in die 3. u. 4. Stunde.) In Stillarbeit wird das Arbeitsblatt anschließend von den Schülern bearbeitet (Arbeitsauftrag 1 und 2), und der Arbeitsauftrag 3 schriftlich beantwortet: Beurteile beide Mauern in ihrer Funktion als Instrumente der militärischen Grenzverteidigung! (chin. Mauer mächtiger, größer und länger als der Limes; als militärische Grenzverteidigungsanlage daher wohl besser geeignet)
In einem zusammenfassenden Lehrer-Schüler-Gespräch wird herausgearbeitet, daß der Limes zwar sicherlich auch der militärischen Grenzverteidigung gedient haben muß (Soldaten als Besatzung), die-

se Funktion aber auf Grund der wenig imposanten Erscheinung des Limes wohl nicht die einzige gewesen sein kann. An dieser Stelle des Unterrichtsverlaufs beginnt der Lehrer mit dem Tafelbild: „Die Funktionen des Limes“, indem er das erarbeitete Ergebnis „militärische Grenzfunktion“ an der Tafel fixiert. Sind die Begriffe „Provinz Obergermanien“ und „Freies Germanien“ nicht schon in der 2. Stunde eingeführt worden, so sollte das an dieser Stelle nachgeholt werden.

Ergänzung zu Unterrichtsschritt 2:

Den Schülern wird die Karte „Germanische Funde vor dem Limes“ vorgelegt (eventuell über eine Folienprojektion). Der Lehrer erklärt, daß jeder Punkt auf der Karte Orte markiert, an denen in der Neuzeit Spuren germanischer Siedlungen aufgefunden worden sind. Zusammen mit den Schülern erarbeitet er, daß der größte Teil der germanischen Stämme offensichtlich weit hinter dem Limes ansässig war und die Funktion des Limes ganz augenscheinlich nur zu geringen Teilen darin bestanden haben kann, anstürmende feindliche Germanenstämme vom Übergriff auf die röm. Provinz Obergermanien abzuhalten. Auch diese Ergänzung zu Unterrichtsschritt 2 endet mit der Ergebnisfixierung an der Tafel, fordert die Schüler aber gleichzeitig in verstärktem Maße dazu auf, darüber nachzudenken, welches denn weitere Funktionen des Limes gewesen sein könnten.

Karte zu dieser Ergänzung

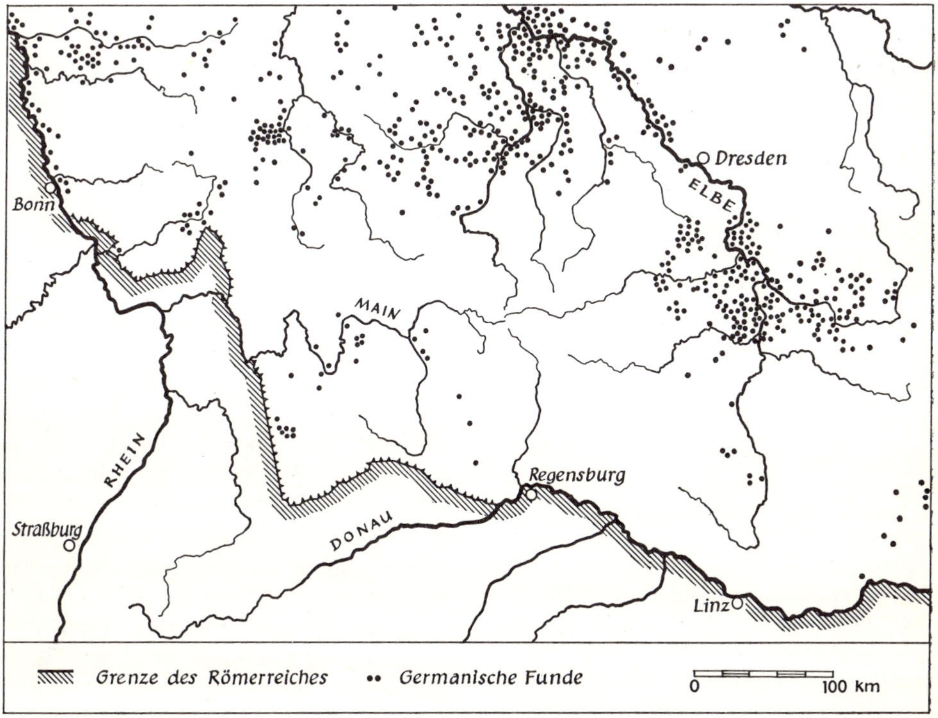

(aus: Baatz, D.: Der Römische Limes, Berlin 1974, S. 49)

Eine sinnvolle Zäsur zwischen der 3. und 4. Stunde ergibt sich nach dem 2. Unterrichtsschritt.

Mögliche Hausaufgabenstellung bis zur 4. Stunde:

1. Welche anderen Funktionen könnte der Limes noch gehabt haben?
2. Welche Funktionen haben heute die Grenzen zwischen einzelnen Ländern? Was genau grenzen sie ab?

4. Stunde

Unterrichtsschritt 3:
Weitere Funktionen des Limes

Dieser Unterrichtsschritt beginnt mit einer Wiederaufnahme der Arbeitsfragestellung, die ja nun zu großen Teilen bereits beantwortet ist; sie wird daher durch eine zweite Arbeitsfragestellung erweitert, die ebenfalls auf der Nebentafel fixiert wird: Welche Funktionen – außer der militärischen Grenzfunktion – hatte der Limes noch?

Über T1 und T2 (vgl. Vorschlag für ein Arbeitsblatt) werden von den Schülern in Stillarbeit zwei weitere Funktionen des Limes erarbeitet, die mit Hilfe des Lehrers auf die Begriffe „Abschreckungsfunktion" und „Grenzpolizeiliche Überwachungsfunktion" verdichtet und dem Tafelbild hinzugefügt werden.

Variante zu Unterrichtsschritt 3:

Je nach Schulart, Schülermotivation und zeitlichen Möglichkeiten können die Begriffe statt anhand der Texte 1 und 2 auch mittels einer Spielszene erarbeitet werden. (Vgl. Herkommer, L./Lissek, M.: Das Rollenspiel im Geschichtsunterricht, in: Anmerkungen und Argumente 7.1, S. 194–209.) Für die nicht am Spiel beteiligten Schüler sollte der Lehrer jedoch vor Beginn folgenden Arbeitsauftrag erteilen:

- Wie beurteilst Du das Verhältnis zwischen den Soldaten und dem Bauernpaar? (freundlich; Soldaten behandeln die germanischen Bauern nicht wie Feinde, Soldaten sind selbst Germanen)
- Welche Einstellung hat das germanische Bauernpaar gegenüber den Römern? (aufgeschlossen, sie bewundern die Errungenschaften der Römer)
- Welche Rolle spielen die Soldaten am Limes in dieser Szene? (Überwachung des Personen- und Warenverkehrs am Limes)
- Weshalb gehen die germanischen Bauern aus dem Freien Germanien fort? (wollen sich in der römischen Provinz Obergermanien als Bauern niederlassen; Grund: Die Zeiten im Freien Germanien sind unruhig geworden, fremde Völker drängen von Osten nach Germanien)
- Wie nennen die Römer den Teil der Provinz Obergermanien, in den die germanischen Bauern ziehen wollen? Weshalb? (Der Text führt den Begriff auf die Abgabepflicht eines Zehntzinses zurück, vgl. zu anderen Interpretationen: Fachwissenschaftl. Vorbemerkungen, I. 4.)

In der anschließenden Zusammenfassung werden die Antworten ausgewertet und in Form der bereits oben erwähnten Begriffe ins Tafelbild eingefügt.

Unterrichtsschritt 4:
Der Limes als Kulturgrenze

Die vierte, noch fehlende Funktion des Limes als einer Kulturgrenze muß im Lehrer-Schüler-Gespräch erarbeitet werden und ist ohne steuernde Hilfsfragen des Lehrers in dieser Altersstufe durch die Schüler allein nicht ohne weiteres erreichbar. Zu Erarbeitung könnten die Ergebnisse der Hausaufgabe herangezogen werden. (Frage nach der Funktion der Grenzen heute: Trennung und Abgrenzung von Sprache, Tradition, Sitten und Gebräuchen, Lebensart, Währung usw.) Mit dieser vierten und letzten Funktion des Limes wird das Tafelbild abgeschlossen.

Vorschlag für ein Arbeitsblatt (4. Stunde U'schritt 3)

T1 Aus: Geschichte mit Pfiff 9/80, S. 12

„Es wird erzählt, daß der König von Syrien einst Ägypten erobern wollte, als beide Länder noch unabhängig waren und glaubten, sie könnten tun und lassen, was sie wollten, ohne in Rom um Erlaubnis zu fragen. Da trat der römische Gesandte vor den syrischen König hin und zog zwischen sich und ihm einen geraden Strich in den Sand. ‚So', sagte er, ‚wenn du diesen Strich überschreitest, dann bedeutet dies den Krieg zwischen Rom und Syrien!' Der syrische König überschritt den lächerlichen Strich im Sande tatsächlich nicht! Und dieser Strich im Sande, das war in Germanien der Limes. Immerhin waren die Germanen über ein Jahrhundert lang so schüchtern wie der König von Syrien ..."

T2 Tacitus, Germania, 41

„Näher, von Italien aus gesehen, liegt der Stamm der Hermunduren, der uns Römern treu ergeben ist. Deshalb treiben sie auch als einziger Germanenstamm nicht nur am Donauufer mit uns Handel, sondern sogar tief im Inneren (der Provinz Obergermanien) und besonders in dem sich prächtig entwickelnden Hauptort unserer Provinz Rätien (Augsburg). Überall und ohne Geleit durch einen Wachtposten dürfen sie über die Grenze.* Und während wir den anderen Stämmen nur unsere Waffen und unsere Kriegslager zeigen, haben wir den Hermunduren unsere Häuser und Villen gastfreundlich aufgetan, ohne daß sie den Wunsch danach geäußert hätten."

* Anmerk. d. Verf.: Im allgemeinen durften die Germanen den Limes nur an bestimmten Stellen überschreiten. Beim Übertritt mußten sie die Waffen abgeben und vielfach sogar ein Kopfgeld hinterlegen, was sie als demütigend empfanden.

Arbeitsfrage:
Welche Funktionen des Limes kannst Du aus den beiden Textstellen entnehmen? Finde für jede Funktion einen schlagwortartigen Begriff.

Entwurf einer Spielszene: „Am Limes"

Personen:

Hartmut, Gundmar, Wigand } Germanische Hilfstruppensoldaten

Germanischer Bauer
Frau des germanischen Bauern
Erzähler

Ort und Situation der Handlung:

Limestor (aus Schulbänken o. ä. aufzubauen)
Hartmut lehnt gähnend am Tor, Gundmar sitzt auf einem Stein und stochert mit seiner Lanze im Sand, Wigand steht auf dem Turm und blickt über die Grenze.

Erzähler: „Wir schreiben das Jahr 153 n. Chr. Der Julitag am Limes ist heiß und langweilig, die Zeiten sind friedlich. Für die Soldaten am Limestor ist es ein Tag wie jeder andere. Müde und schläfrig warten sie auf das Ende ihres Dienstes, nur Wigand auf dem Turm späht aufmerksam hinüber ins Germanenland. Seit vielen Jahren war es am Limes ruhig gewesen und die Römer überließen die Wache ihren germanischen Hilfstruppen. Da, plötzlich kommt Leben in die schlafmützige Wachmannschaft."
Wigand: (auf dem Turm Ausschau haltend, ruft) „Ein Wagen!"
(Alle Soldaten raffen sich auf und blicken durch das Tor.)

Erzähler: „Aus dem Walde heraus über den kahlgeschorenen Grenzstreifen rumpelt ein Wagen. Zwei Ochsen ziehen das vollgepackte Gefährt. Ein germanischer Bauer geht daneben her. Er hält einen Stock in der Hand und treibt die Tiere von Zeit zu Zeit an. Auf dem Wagen – zwischen Säcken und Stroh, Krügen und allerlei Hausrat – sitzt die Frau.

Bauer: (vor den Soldaten angelangt) Prr, Prr!

(Der Wagen steht.)

Hartmut: „Wohin des Weges, Bauer?"

(Hartmut und Gundmar richten die Lanzen gegen den Bauer.)

Bauer: „Wir sind auf dem Weg in die Stadt Mainz, um unsere Waren feilzubieten auf dem Markt der großen Stadt."

Gundmar: „Was habt ihr geladen?"

Bauer: „Schöne Gänsefedern, zwei ganze Säcke voll und Felle und langes, seidiges Frauenhaar, Honig und schönen, glatt geschliffenen Bernstein."

Hartmut: (streng) „Habt ihr auch keine Waffen versteckt?"

Wigand: „Ihr wißt, wer Waffen heimlich mit sich führt, der ist des Todes! Ihr kommt in ein friedliches Land und Waffen tragen darin nur des Kaisers Soldaten."

Gundmar: „Durchsucht den Wagen!"

(Hartmut und Wigand durchwühlen die Ladung des germanischen Ochsenkarrens.)

Hartmut: „Keine Waffen!"

Gundmar: „Aber ihr habt euren Hausrat auf dem Wagen. Wozu braucht ihr Töpfe, Hacken, Spaten und Pflug? Wer soll euch das abkaufen in der Stadt Mainz?"

Bauer: „Das will ich nicht verkaufen, das brauche ich für einen neuen Hof. Ich will Pächter werden im Zehntland!"

Gundmar: „So, Pächter willst Du werden, Land des Kaisers willst Du bestellen! Es gefällt Dir wohl nicht mehr im Lande Deiner Väter, wie?"

Bauer: „Du sagst es, Freund. Mein Sohn lebt auch im Zehntland zwischen Donau und Rhein, ist Soldat wie Du. Vergangenes Jahr war ich in Mainz mit Handelsgut. Da hab ich viel gesehen, was mir gut gefiel. Das Korn steht dicht und hoch in eurem Land. Die Früchte sind dicker und süßer als bei uns. In euren Städten mit den steinernen Häusern gibt es gar manches einzuhandeln, was der Bauer brauchen kann. Und die Straßen dahin sind breit und sicher. Gern will ich den Zehntteil meiner Ernte abgeben, weil ich weiß, daß ihr die Grenzen bewacht."

Frau des Bauern: „Es ist kein leichtes Leben mehr im Freien Germanien. Aus dem Osten fallen immer wieder fremde Stämme in unser Land ein. Viel Haß und Kampf ist zwischen unseren Stämmen und ihnen. Es drängen alle nach dem Zehntland. Das Römerreich zieht sie an, grad wie das Feuer die Wölfe. Schwere Zeiten wird es geben an der Grenze. Ich seh den Tag schon kommen, da dieser Zaun im hellen Brande loht!"

Wigand: „Schwatz nicht so töricht, Weib!"

(Er nimmt seine Lanze, schlägt mit dem stumpfen Ende auf die Ochsen ein.)

Erzähler: „Rumpelnd rollt der Ochsenkarren durch das Tor auf die glatte, gepflasterte Straße ins Römerreich. Die Grenzsoldaten gehen wieder auf ihre Posten und alles wird wieder ruhig."

(nach: Heerdt-Heumann, Geschichtserzählungen. Unser Weg durch die Geschichte, 1966, S. 18ff.; als Spielszene bearbeitet vom Verfasser)

5. Stunde
Die Soldaten des römischen Heeres in Germanien

Didaktische Vorbemerkungen

Diese Stunde führt den Themenblock B „Roms Methoden der Herrschaftsausübung und Herrschaftsbefestigung in Germanien“ weiter. Über einen breiten, d. h. allgemeinen Einstieg mit Hilfe verschiedener Inschriften und zugehöriger Bilddarstellungen aus der Provinz Germanien wird hier nicht nur mit einer – der archäologischen Forschungsmethode angenäherten – Arbeitsweise Zugang zum Problem geschaffen, sondern im Zuge der Erarbeitung und Auswertung dieser Quellen mit den Schülern ergeben sich zahlreiche Anknüpfungspunkte an weitergehende Fragestellungen, die in späteren Stunden aufgearbeitet werden sollen (z. B. Heeresorganisation usw.). Die Phantasie der Schüler wird durch eine solche Art des Einstiegs angeregt, bereits vorhandene Vorkenntnisse können einfließen.

Natürlich kann die angeführte Auflistung von Inschriftenbeispielen auch durch andere, etwa im nahen Museum vorhandene Stücke ergänzt oder ganz ersetzt werden und so der unmittelbare lokalgeschichtliche Bezug hergestellt werden. Will der Lehrer die Behandlung des Themenblocks B im Museum einleiten, so kommt ihm diese Art des Einstiegs besonders entgegen. Sollte die Möglichkeit eines Museumsbesuches nicht gegeben sein, so finden sich zahlreiche Abbildungen von Soldatengrabsteinen in den gängigen Lehrbüchern (Fragen an d. Gesch., Bd. 1, S. 93, B 2, B 3; Zeiten und Menschen, B 1, S. 166; Menschen in ihrer Zeit, Bd. 1, S. 104) oder in anderen leicht greifbaren Publikationen (Schmid, A. u. R.: Die Römer an Rhein und Main; Filtzinger, Ph.: Limesmuseum Aalen, ^{2}1975).

„Die lateinischen und griechischen Inschriften der Römischen Kaiserzeit stellen deshalb die wichtigsten und vielseitigsten Primärquellen der Epoche dar, weil sie auf Bereiche Licht werfen, die von den übrigen Quellen nur unzureichend erhellt werden.“ (Christ, K.: Römische Geschichte, 1976, S. 165)

Vor der Behandlung der eigentlichen Inschriftentexte kann jeder Schüler zunächst das dargebotene Bildmaterial bearbeiten und zwar ohne jede Vorkenntnisse, lediglich durch genaues Beobachten und gründlichen Vergleich. Die Schüler „sollen lernen, davon auszugehen, daß die Geschichte an überlieferte Zeugnisse gebunden ist, die kritisch befragt werden müssen, ehe sie den richtigen Aufschluß geben“ (Schmid, H.-D.: Lehrerbegleitband zu Fragen an die Gesch. Bd. 1, S. 5).

Neben der Sammlung und abschließenden Strukturierung der Schüleräußerungen sollte der Lehrer die Schüler in dieser Phase zur Formulierung von Rückschlüssen, Vermutungen und Hypothesen aus ihren Beobachtungen anhalten: das Einüben dieser Techniken – beobachten, vergleichen, Rückschlüsse ziehen – bildet gleichzeitig eine wesentliche Grundlage für einen sinnvollen Museums- oder Ausgrabungsbesuch und sollte ein wichtiges instrumentelles Lernziel im Geschichtsunterricht sein. Im Museum „erschließen sich die Schüler die jeweils ausgestellten Exponate (. . .) selbst, indem sie genau beobachten, beschreiben, zeichnerisch festhalten, aber auch vergleichen, untersuchen, ausprobieren, Zusammenhänge herstellen (. . .)“ (Illert, G.: Das Museum der Stadt Worms und die Erfahrungen mit dem Unterricht im Museum, in: GWU 9/1975, S. 553).

Das Herstellen von Zusammenhängen und der Vergleich stehen auch im Vorder-

grund der Auswertung der Inschriften, die, sollte sie im vorgeschlagenen Umfang durchgeführt werden, am besten in Gruppenarbeit erfolgt. „Im systematischen Vergleich sind einerseits Übereinstimmungen, Ähnlichkeiten und Analogien zu ermitteln, andererseits sind Unterschiede, Gegensätze und Kontraste herauszuheben. Der Vergleich bringt zum Vorschein, was an dem in Vergleich Gesetzten einmalig ist, und was sich wiederholt bzw. eine Regel oder ein Prinzip spiegelt." (Hug, W.: Geschichtsunterricht in der Praxis der Sekundarstufe I, 1977, S. 51)
In der Hausaufgabe soll neben einer spielerischen Wiederholung des Gelernten auch eine erlebnishafte Zuwendung zur Geschichte erreicht werden. „Im Erlebnis können sich Schüler Vergangenem stärker nähern als in der Analyse." Sie werden veranlaßt, „aus sich herauszugehen, mit anderen Menschen mitzuempfinden, von ihrem Schicksal betroffen zu werden" (Hug, W. a.a.O., S. 110f.).

Ziele der Stunde

Die Schüler erkennen,
- daß archäologisches Material – hier Inschriften – eine Fülle von Informationen beinhaltet, auf die sich weite Teile der heutigen Kenntnisse der Römischen Geschichte, insbesondere die der Provinzen, stützen,
- daß sich aus epigraphischen Funden vielfältige Rückschlüsse auf Organisation und Verwaltung der germanischen Provinzen ziehen lassen (z.B. Dienstzeit, militärische Rangstufen, Lokation von Truppen und Truppenteilen, Entlassungsmodalitäten etc.),
- daß das römische Heer sowohl aus Römern, als auch aus Provinzialen bestand.

Die Schüler erarbeiten
- aus bildlichen Darstellungen der Grabsteine Art und Umfang der Bewaffnung und das äußere Erscheinungsbild römischer Soldaten,
- aus den vorgelegten Inschriften einen idealtypischen Lebenslauf eines römischen Soldaten in der Provinz,
- prosopographische (personengeschichtliche) Unterschiede zwischen römischen Legions- und provinzialen Auxiliarsoldaten.

Die Schüler beurteilen
- die Aussagekraft bildlicher und textlicher archäologischer Quellen,
- die Frage, welche Folgen und Probleme der Bürgerrechtserwerb der Auxiliaren nach Dienstende einerseits, die lange Dienstzeit der Soldaten beider Heereszugehörigkeiten anderseits (Legionäre/Auxiliartruppen) gehabt haben könnten.

Verlaufsskizze

Unterrichtsschritt 1:
Einstieg: Sind Grabsteine Geschichtsquellen?

Variante 1:
Der Lehrer beginnt die Stunde mit der Frage, wie bei uns heute Grabsteine aussehen, welche Darstellungen sie zeigen und was auf ihnen geschrieben steht. Die Sammlung der Schüleräußerungen ergibt, daß sich selten bildliche Darstellungen finden und der Text sich meist auf den Namen des Verstorbenen und dessen Geburts- und Sterbedatum beschränkt. Die Einstiegsfragestellung ergibt sich aus dieser Überlegung: Können wir aus römischen Grabsteinen vielleicht mehr Informationen entnehmen, sind Grabsteine überhaupt geschichtliche Quellen?

Variante 2:
Die Stunde beginnt mit der Lehrererzählung über die Auffindung eines römischen Grabsteines. Sollte ein lokales oder regionales Beispiel nicht greifbar sein (vgl. Berichte örtlicher Zeitungen), ist auch die Nacherzählung der Fundgeschichte des Publiciusgrabmals in Köln für diesen Zweck gut geeignet (vgl. 9. Stunde, Lehrerinformation U'schritt 1). Im Anschluß kann dieselbe Eingangsfrage wie bei Variante 1 diskutiert werden.

Unterrichtsschritt 2:
Analyse der bildlichen Darstellungen auf römischen Soldatengrabsteinen

Anschließend an den Stundeneinstieg empfiehlt sich die gemeinsame Betrachtung eines Soldatengrabsteines (vgl. die Darstellungen in den Lehrbüchern – siehe Vorbemerkungen zu dieser Stunde, Diapositive bei Noelke, P.: Das römisch-germanische Museum Köln, Florenz 1981; für die Epidiaskop-Projektion geeignete Photos bei Filtzinger, Ph.: Limesmuseum Aalen, 2. A. 1975, Abb. 48, S. 109, Abb. 47, S. 106, Abb. 38, S. 79, Abb. 34, S. 68; Römerillustrierte I, 1974, S. 79).
Ein Auswertungsgespräch mit den Schülern könnte durch folgende Fragen strukturiert werden:
- Warum lassen sich die Verstorbenen teilweise als Zivilpersonen, teilweise als Soldaten darstellen? (Darstellung ist abhängig davon, ob der Betreffende zum Zeitpunkt seines Todes noch Soldat oder schon Veteran war.)
- Worauf wird bei den Darstellungen offensichtlich besonderer Wert gelegt?
- Welche Ausrüstungsgegenstände sind zu erkennen? (vgl. Zusatzinformation)
- Kann man Vermutungen über die Funktion des Dargestellten im Heer äußern? (Bewaffnung, Abbildung zu Fuß oder zu Pferd, etc.)

Zusatzinformation:

Schutzwaffen des römischen Heeres sind: Helm (cassis), Panzer (lorica), Schild (scutum); Angriffswaffen: Schwert (gladius), Wurflanze (pilum), Dolch (pugio). Die Bewaffnung der Auxilia war ähnlich wie die der Legionen.

Kosten eines Grabsteines: 1200 bis 100000 Sesterzen. (Zum Vergleich: Ein Soldat verdiente am Ende des 1. Jh. n. Chr. etwa 1200 Sesterzen pro Jahr.) Viele Soldaten ließen bereits zu ihren Lebzeiten einen Grabstein anfertigen. (Weitere Informationen bei Borger, H.: Römische Inschriften. Römerillustrierte I, 1974, S. 31.)

Unterrichtsschritt 3:
Analyse der Inschriften Q 1 – Q 4 (römische Legionssoldaten)

Vorlage des Arbeitsblattes mit den Umschriften der Texte römischer Soldatengrabsteine. Hier sollten aus Q 1–4 zwei Inschriften für die Einzelarbeit, alle vier für eine Erarbeitung in Gruppen herangezogen werden. Folgende Erschließungsfragen werden vom Lehrer auf der Nebentafel aufgelistet:
- Welche Angaben werden der Reihe nach gemacht? (Name, Filiation: Sohn des . . ., Stimmbezirk = Herkunft, Zugehörigkeit zu einem Truppenteil, Rangstufe, Alter oder Dienstalter, Errichter des Steines)
- Woher kamen die Soldaten?
- Weshalb geben die Soldaten ihren Stimmbezirk an? (diskreter Hinweis auf den Besitz des römischen Bürgerrechts)
- In welchem Alter wurden die Verstorbenen Soldaten, und wie lange dauerte ihre Dienstzeit bis zur Entlassung?

Während der Stillarbeit der Schüler bereitet der Lehrer das Tafelbild auf der Haupttafel vor. Die Ergebnisse der Schülerstillarbeit können nun in die obere Hälfte des Tafelbildes eingetragen werden. (siehe Stundenblatt; Ergänzungen durch den Lehrer sind notwendig)

Unterrichtsschritt 4:
Analyse der Inschriften Q 5 und Q 6 (Auxiliarsoldaten)

Die Schüler sollen – wiederum in Einzel- oder Gruppenarbeit – herausfinden, wodurch sich diese beiden Quellen (Q 5 und Q 6) von den vorangegangenen unterscheiden. Sie werden schnell entdecken, daß Tribusangaben (Herkunft und Zugehörigkeit zu einem Stimmbezirk) fehlen und statt dessen eine Stammesherkunft genannt wird. Da bereits in U'schritt 3 erarbeitet wurde, daß sich aus der Angabe des Stimmbezirks der Besitz des römischen Bürgerrechts herleiten läßt, fällt der Analogieschluß, daß es sich folglich bei den in Q 5 und Q 6 Genannten um Nichtrömer handeln muß, nicht schwer. Zur weiteren Klärung des Schicksals der Auxiliarsoldaten und zur Ergänzung der für das Tafelbild benötigten Angaben dient das Militärdiplom Traians (Q 7). (Ein ähnliches Diplom auch in: Fragen a. d. Gesch., Bd. 1, S. 120, Q 7)
Im Tafelbild wird vergleichend zur Legionärslaufbahn die des Auxiliarsoldaten ergänzt.

Unterrichtsschritt 5:
Schlußfolgerungen

In einer abschließenden Diskussion soll geklärt werden, welche Schlüsse aus den erarbeiteten Informationen über die Soldaten des römischen Heeres gezogen werden können. Folgende Fragen sollten erörtert werden:

- Was werden die Legionssoldaten, was die Hilfstruppensoldaten nach ihrer Entlassung aus der Armee getan haben? (Römische Legionäre lassen sich oft in der Provinz nieder, werden Handwerker oder Bauern und heiraten meistens eine Frau aus der Provinz. Entlassene Auxiliarsoldaten sind jetzt römische Bürger und bauen sich eine eigene Existenz auf.)
- Hat sich die lange Dienstzeit für einen Hilfstruppensoldaten gelohnt? (Ja, durch den Erwerb des römischen Bürgerrechts hat er einen sozialen Aufstieg durchgemacht.)
- Welche Folgen werden aus der Ansiedlung römischer Soldaten, z. B. in Germanien, entstanden sein? (Einbringen römischer Sitten u. Gebräuche, der lateinischen Sprache, usw. Vgl. genauer 11. Stunde.)

Mit den Erkenntnissen dieser Diskussion kann das Tafelbild abgeschlossen werden.

Erweiterung zu U'schritt 5:

Der Lehrer berichtet über Initiativen in der Bundesrepublik Deutschland, wonach darüber diskutiert wird, ob man ausländischen Mitbürgern nach längerem Aufenthalt den Erwerb der deutschen Staatsbürgerschaft ermöglichen bzw. ihnen Wahlrechte auf kommunaler Ebene einräumen sollte. Pro- und Contra-Diskussion mit anschließender Parallelisierung der Thematiken.

Mögliche Hausaufgabe:

Verfasse mit Hilfe der Quellen die erfundene Lebensbeschreibung eines römischen Legionärs.

Vorschlag für ein Arbeitsblatt (5. Stunde, U'schritte 3 und 4)

Q 1 Marcus Valerius Celerinus aus dem Stimmbezirk Papiria, aus Astigi (Südspanien) stammend, Kölner Bürger und ehemaliger, entlassener Soldat (= Veteran) der Legion X Gemina mit dem Beinamen Pia Fidelis stellte dieses Grabmal für sich und seine Frau Marcia Procula zu Lebzeiten auf.

(aus: Römerillustrierte 1/1974, S. 208)

Q 2 Aulus Aurelius, Sohn des Aulus, aus dem Stimmbezirk Lemonia (Mittelitalien), geboren in Bolognia, Reitersoldat. Er war 45 Jahre alt, diente in der Legion I unter Gaius Lucretius. Nach 20 Dienstjahren wurde er zur Ansiedlung entlassen. Hier ruht er.

(aus: Römerillustrierte 1/1974, S. 249)

Q 3 Dem Gaius Valerius Crispus, Sohn des Gaius, aus Berta (Stadt in Macedonien/Griechenland) und dem Meneischen Stimmbezirk angehörig, Soldat der Legion VIII mit dem Beinamen Augusta. Er starb mit 40 Jahren nach einer Dienstzeit von 21 Jahren. Sein Sohn hat das Denkmal errichten lassen.

(aus: Schmid, A. u. R.: Die Römer an Rhein und Main, S. 138f.)

Q 4 Dem Marcus Caelius, Sohn des Titus, aus dem Stimmbezirk Lemonia (Mittelitalien), aus dem Haus Bononia, dem Centurio der 18. Legion, 53 und ein halbes Jahr alt. Er ist gefallen im Varuskrieg. Seine Gebeine beizusetzen möge erlaubt sein. Sein Bruder, Publius Caelius, Sohn des Titus, aus dem Stimmbezirk Lemonia, hat diesen Stein gesetzt.

(aus: Filtzinger, Ph.: Limesmuseum Aalen, a.a.O., S. 78f.)

Q 5 Dem Titus Flavius Bassus, Sohn des Mucala, aus dem Stamm der Dansaler, Reiter in der Ala (Reiterregiment) der Noriker, im Zuge des Fabius Pudens. Er starb mit 46 Jahren nach 26 Dienstjahren. Der Erbe ließ den Grabstein anfertigen.

(aus: Römerillustrierte 1/1974, S. 232)

Q 6 Dem Lucius Romanus, Sohn des Attus, vom Stamm der Dardaner, Reiter in der Ala (Reiterregiment) Afrorum, in der Turma (Abteilung) des Firmanus. Er starb mit 30 Jahren nach... Dienstjahren. Der Erbe ließ auf testamentarischen Wunsch diesen Stein errichten.

(aus: Römerillustrierte 1/1974, S. 202)

Q 7 Militärdiplom des Kaisers Trajan v. 30. Juni 107 n. Chr.
„Der Imperator (...) Nerva Traianus Augustus (...) hat den unten namentlich aufgeführten Reitern und Fußsoldaten der 4 Reiterregimenter (Aufzählung), und 11 Kohorten (Aufzählung), die in Rätien unter (dem Procurator) Tiberius Iulius Aquilinus stehen, nach 25 oder mehr Dienstjahren, bei ehrenvoller Entlassung, ihnen und ihren Kindern sowie deren Nachkommen das römische Bürgerrecht verliehen und das Recht zur Ehe mit den Frauen, die sie bei der Verleihung des Bürgerrechts hatten, oder wenn sie ledig sind, mit den Frauen, die sie später heiraten werden."

(aus: Filtzinger, Ph.: Limesmuseum Aalen, a.a.O.; S. 167ff.; ein ähnliches Militärdiplom findet sich auch in Fragen a. d. Gesch., Bd. I, S. 120 Q 7)

6. Stunde
Lager und Kastelle des römischen Heeres

Didaktische und fachwissenschaftliche Vorbemerkungen

Der Einstieg in diese Stunde mit der Fundbeschreibung und anschließender Funktionserklärung einer römischen „groma“ wurde aus mehreren Gründen so gewählt:

- Er setzt keinerlei Spezialkenntnisse voraus und ermöglicht so jedem Schüler die aktive Teilnahme am Unterricht. Der Motivationseffekt ist hoch.
- Er zwingt den Schüler zu exakter Arbeitsweise. Die Umsetzung der Beobachtung in eigene Beschreibung und anschließende Fundbeurteilung erfordert eine zweifache Transferleistung.
- Er simuliert die Arbeitsweise der Archäologie.
- Er fördert die Konzentration und schärft die Beobachtungsgabe.
- Er entspricht in hohem Maße der Interessenlage des Schülers in der anzusprechenden Altersstufe (vgl. hierzu Emrich, Ulrike: Was halten Schüler von Alter Geschichte?, in: GWU 6/1971, S. 356f.).

Der Schüler wird nach diesem Einstieg also nicht einfach mit dem fertigen Lageplan eines römischen Kastells konfrontiert, sondern vollzieht im Verlauf des Unterrichts die Entstehung solcher Lager selbst. Das systematische Vorgehen der Römer bei der Anlage ihrer militärischen Bauten wird erkannt. Die exemplarische Vorgehensweise (vgl. die Ausführungen zum exemplarischen Unterricht, in: Anmerkungen und Argumente 1.1, S. 136–246) führt gegen Ende der Stunde zur Überprüfung und Verifizierung der erarbeiteten Erkenntnisse.

Um die Schüler nicht zu verwirren, wurde die vereinfachte Formel: Kohorten = Abteilungen der Hilfstruppen (auxilia) verwendet. Tatsächlich gab es jedoch auch cohortes civium romanorum, Kohorten also, deren Soldaten römisches Bürgerrecht bereits besaßen und folglich römische Bürger waren. Um Verwechslungen mit den Kohorten der auxilia zu vermeiden, trugen die Kohorten, deren Soldaten römische Bürger waren, darum auch immer den Zusatz „civium romanorum“. Auch das Kastell Künzing beherbergte als Besatzung eine cohors civium romanorum (cohors III Thracum civium romanorum equitata). Dieses Kastell wurde in unserem Unterrichtsbeispiel dennoch als Beispiel für ein Kohortenkastell der Hilfstruppen ausgegeben, weil es zu den am besten und vollständigsten ausgegrabenen Kastellen am Limes zählt.

Ergänzung:
Die Kohorten Römischer Bürger in Obergermanien

cohors II Aquitanorum equitata civium Romanorum (Rottweil)
cohors III Thracum civium Romanorum equitata (Künzing)
cohors XXIV voluntariorum civium Romanorum (Benningen/Heidelberg-Neuenheim)
cohors XXVI voluntariorum civium Romanorum (Baden-Baden)

Wie man sieht, handelt es sich bei den Kohorten römischer Bürger meist um Freiwilligenverbände oder berittene Einheiten.

Lernziele

Die Schüler erarbeiten
- die Grundlagen der römischen Vermessungstechnik,
- den Aufbau eines römischen Militärlagers in idealtypischer Form,
- den Aufbau und die Zusammensetzung des römischen Heeres,
- die wichtigsten Fachtermini im Zusammenhang mit der römischen Lagertopographie,
- Größe und Innenausstattung römischer Legions- und Kohortenkastelle,
- Gemeinsamkeiten und Unterschiede zwischen Legions- und Kohortenkastellen.

Die Schüler erkennen
- die Vorgehensweise römischer Soldaten und Geometer bei der Anlage eines Kastells,
- daß sich Legionslager und Kohortenkastelle von ihrer Anlage her ähnlich sind und auf denselben funktionalen Prinzipien beruhen,
- daß die Römer bei der Anlage von Militärlagern planvoll und mit System vorgegangen sind.

Die Schüler beurteilen
- Art und Charakter der römischen Herrschaftsausübung in der Provinz Obergermanien.

Verlaufsskizze

Unterrichtsschritt 1:
Römische Vermessungstechnik

Der Einstieg in die Stunde erfolgt mit der Abbildung einer „groma", einem Vermessungsinstrument römischer Feldmesser, das sowohl bei der Errichtung römischer Militärlager, als auch im Städtebau Verwendung fand (vgl. Arbeitsblatt 3). Die Schüler sollen selbst herausfinden, worum es sich bei diesem Gerät handeln mag und wozu es wohl verwendet worden ist. Die Bearbeitung dieser Aufgabenstellung sollte in zwei Schritten erfolgen: 1. Objektbeschreibung, 2. Vermutungen über die Funktion. Der Lehrer sollte die Überlegungen der Schüler bereits von Anfang an mit knappen Informationen (es handelt sich um ein Meßgerät) in die richtige Richtung lenken.
Die Ergebnisse werden an der Nebentafel festgehalten.

Beschreibung einer „groma"
Eine „groma" ist ein Visiergerät zur Landvermessung wie es die römischen Feldvermesser (Geometer) benutzten. Es besteht aus einem senkrechten Stab, an dessen oberem Ende ein sich rechtwinklig kreuzendes Stäbchenpaar in seinem Kreuzungspunkt waagrecht aufgesetzt ist. An den vier Enden dieses Stabkreuzes sind jeweils Schnüre mit einem Senkblei angebracht.

Funktion einer „groma"
Der Geometer steckt die „groma" genau senkrecht in die Erde und visiert anschließend über je zwei gegenüberliegende Schnüre eine Meßlatte an, die ein Helfer in einiger Entfernung senkrecht hält. Es ergibt sich daraus eine gerade Fluchtlinie. Dasselbe wird im rechten Winkel zu der bereits vermessenen Linie, d.h. mit Hilfe der zwei weiteren Schnüre, wiederholt. Die Vermessung ergibt dann ein sich genau rechtwinklig schneidendes Achsenkreuz.

Variante 1 zu Unterrichtsschritt 1:

Es bietet sich an, mit den Schülern eine „groma" selbst herzustellen oder dies in Kooperation mit dem Technik/Werkunterricht zu tun. Eine „groma" läßt sich leicht aus einem Besenstiel und zwei rechtwinklig gekreuzten Stäbchen (Länge etwa 1 m), vier Schnüren mit

Senkblei o. ä. herstellen. Mit einer solchen Nachbildung können die Schüler selbst im Freien experimentieren, eine exakte Beschreibung des Gerätes und seiner Funktion wird den Schülern nicht mehr schwerfallen, wenn sie es selbst hergestellt haben.

Variante 2 zu Unterrichtsschritt 1:

Steht nur wenig Zeit zur Verfügung, kann der Einstieg auch über eine Abbildung bei Macauly, D.: Eine Stadt wie Rom, o. S., erfolgen, wo ein römischer Vermessungstrupp bei der Arbeit mit einer „groma" gezeigt wird. Die Projektion einer Folienkopie mit dem Tageslichtprojektor erscheint hier sinnvoll.
Beide Varianten schließen mit dem Tafelanschrieb an der Nebentafel ab.

Unterrichtsschritt 2:
Der Aufbau römischer Militärlager

Unter Verwendung von Text 1 sollen die Schüler versuchen, eine Handskizze eines Lagergrundrisses anzufertigen, und mit den wichtigsten, im Text genannten Fachtermini versehen. (s. Vorschlag für ein Arbeitsblatt) Die Zeichnung wird entweder von jedem Schüler selbst, in Gruppenarbeit, oder, mit Spielcharakter, von verschiedenen Schülern im Wechsel auf einer Folie des Tageslichtprojektors angefertigt.
Zum Abschluß dieses Unterrichtsschrittes sollte ein Schüler nochmals zusammenfas-

Beispiel für die Handskizze/Folie (6. Stunde, U'schritt 2)

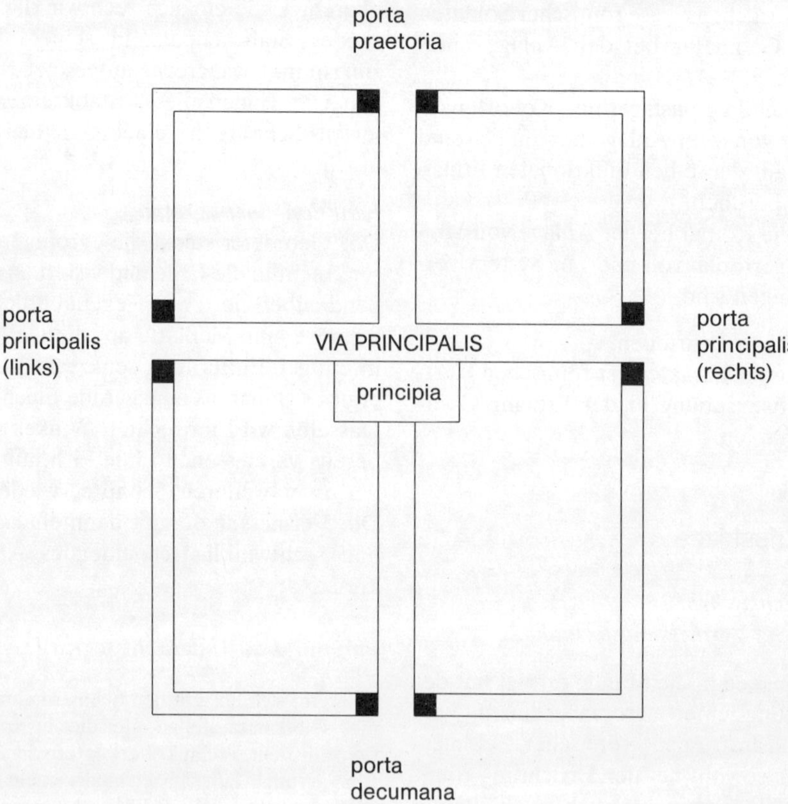

sen, welche Funktion eine „groma“ beim Aufbau römischer Militärlager hatte. Auch Frage 3 des Arbeitsblattes nach anderen Einsatzmöglichkeiten einer „groma“ sollte an dieser Stelle aufgegriffen werden (z. B. Einsatz im Städtebau, Straßenplanung usw.).

Unterrichtsschritt 3:
Kohorten- und Legionskastelle

Anhand der Gegenüberstellung der Grundrisse und weiteren Daten der beiden Kastelle Künzing und Neuss (vgl. Arbeitsblatt 4) erarbeiten die Schüler (Stillarbeit, Gruppenarbeit oder Lehrer-Schüler-Gespräch) die Unterschiede und Gemeinsamkeiten beider Militärlager. (Rekonstruktionen beider Lager finden sich bei Connolly, P.: Die röm. Armee, S. 56 und S. 39) Eine Wandkarte bzw. der Geschichtsatlas (z. B. Putzger, [100]1979, S. 38/39) sollte dabei zur Verfügung stehen.

Aus dieser Arbeit ergibt sich der Haupttafelanschrieb „Lager und Kastelle des römischen Heeres“, in der Reihenfolge: 1. Gemeinsamkeiten und Unterschiede, 2. Ergebnis, 3. Schlußfolgerung.

Daß die in der Schlußfolgerung erlangte Erkenntnis durchaus Allgemeingültigkeit besitzt, läßt sich an beliebigen Beispielen verifizieren (Putzger, [100]1979, S. 40/1,

Vorschlag für ein Arbeitsblatt (6. Stunde, U’schritt 2)

T 1

Als erstes markierten die Feldvermesser (agrimensores) die Stelle des Hauptgebäudes und Sitzes des Kommandeurs *(praetorium)* mit einer weißen Fahne und bestimmten die Himmelsrichtung des Ausfallstores *(porta praetoria).* Sodann stellten sie die „groma“ auf und vermaßen die Längsachse und die Querachse des Lagers, auf denen die Stellen markiert wurden, an denen später die vier Tore errichtet werden sollten. Die längs durch die Lagermitte verlaufende Achse nannte man *via praetoria* mit den beiden Toren *porta praetoria* und *porta decumana* als Endpunkten. Die am praetorium vorbeiführende Querstraße hieß *via principalis* und reichte von der *linken porta principalis* zur *rechten porta principalis.*

Nun rückten die Soldaten ein und Arbeitskommandos begannen sogleich damit, einen bis zu 10 Meter breiten und 3 Meter tiefen Graben rings um das Lager auszuheben (fossa). Mit der dabei anfallenden Erde bauten sie hinter dem Graben einen Wall (vallum). Im Lager schlagen zwischenzeitlich die übrigen Soldaten Zelte auf, die später durch massive Holz-, Fachwerk- oder Steinbauten ersetzt wurden. Andere Bautrupps legen Trink- und Abwasserkanäle an und machen die Lagerstraßen befahrbar.

Das *praetorium* war die Befehlszentrale des Lagers. Man betrat sie durch ein Tor und gelangte in einen von Säulen umbauten Innenhof. Um diesen Innenhof befanden sich die Waffenkammern (armamentariae), Schulungs- und Verwaltungsräume (scholae), Büros und – besonders wichtig – das Fahnenheiligtum (sacellum), unter dem, im Keller, die Truppenkasse und die Ersparnisse der Soldaten lagerten. Das Fahnenheiligtum selbst enthielt die Fahnen und Feldzeichen der Truppe sowie meist auch Bilder des Kaisers und ähnliches. Im *praetorium/quaestorium* hatte der Lagerkommandant seinen Sitz. Um diese beiden Gebäude herum finden sich weiter ein Krankenhaus (valetudinarium), verschiedene Werkstätten (fabricae), ein Gefängnis (carcer) und Getreidespeicher (horrea). Der gesamte übrige Innenraum des römischen Lagers war mit den Baracken der Mannschaften ausgefüllt (contuberniae).

Vorschlag für eine Folie (6. Stunde, U'schritt 3, Exkurs)

Römische Legionstruppen

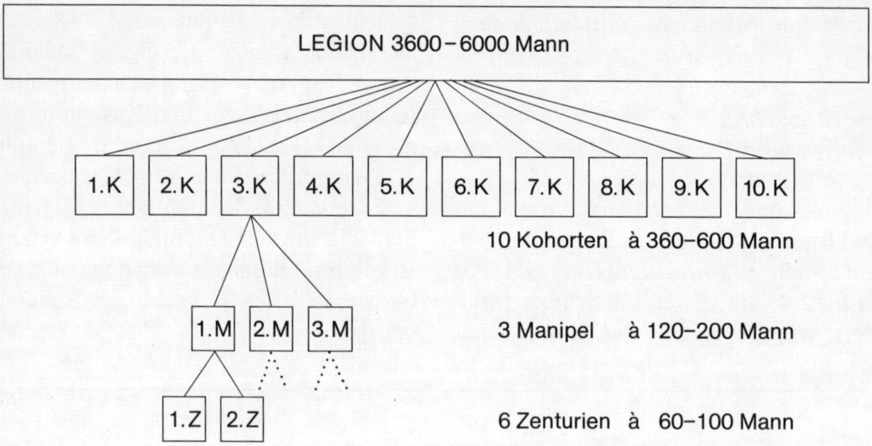

Hilfstruppen (auxilia)

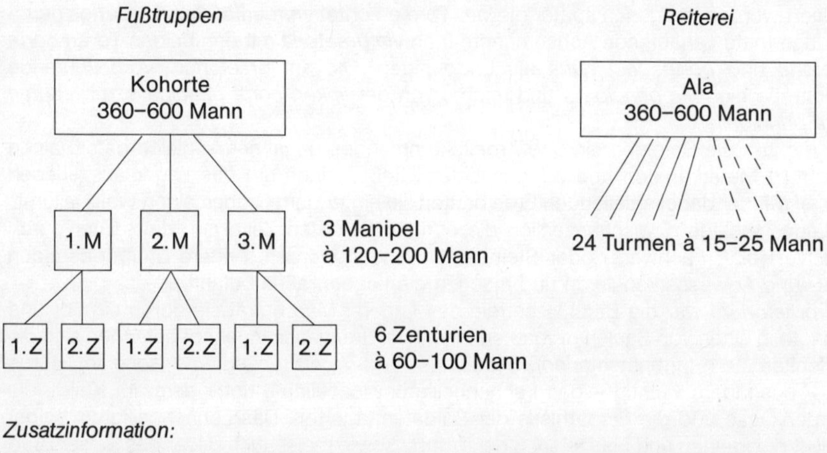

Zusatzinformation:

Taktisch gehörten die aus den verschiedenen Volksstämmen des Imperiums ausgehobenen Alen und Cohorten im 1. Jh. n. Chr. zu den Legionen, operierten aber während eines Feldzuges auch völlig selbständig. Mit der Errichtung des Limes waren die Auxiliartruppen im wesentlichen zur Überwachung eines bestimmten Grenzabschnitts am Limes betraut.

Fragen an die Geschichte, Bd. 1, S. 127, B 36).
Will der Lehrer nicht so ausführlich auf die Gliederung des römischen Heeres eingehen, so sollte er die Besatzung des Kastells Künzing (500 Mann) den Schülern vorgeben. Diese können dann aufgrund der 12,5fachen Größe des Kastells Neuss auf die Mannschaftsstärke dieses Lagers schließen. Die Unterscheidung „Legionslager“ und „Kohortenkastell“ muß in diesem Fall vom Lehrer eingebracht werden.

Exkurs:
Sollen die Schüler diese Angaben und Daten über die Besatzungsstärken selbst herausfinden, empfiehlt sich die Folienprojektion der Heeresgliederung während der Erarbeitungsphase der Gemeinsamkeiten und Unterschiede beider Militärlager (siehe Folienvorschlag, S. 50).

7. Stunde Das Leben des römischen Legionärs im Provinzialheer

Didaktische Vorbemerkungen

Die Untersuchungen von U. Emrich (GWU 6/1971) und W. Küppers (Schule und Psychologie, Jg. 28, 1961) über Interesse und Zugang 12- bis 14jähriger Schüler zu Themen der Geschichte haben erbracht, daß gerade kulturhistorische Fragen (wie die Menschen damals lebten, Alltag, Sitten und Gebräuche) in besonderem Maße die Aufmerksamkeit dieser Altersgruppe auf sich ziehen (vgl. hierzu auch die Stunden 9 und 10). Mit der vorliegenden Stunde soll dieser Tatsache Rechnung getragen werden. Gleichzeitig wird dieser Ansatz verknüpft mit dem Erlernen spezifischer Erkenntnismethoden, die zu historischer Erfahrung führen sollen, denn „im Geschichtsunterricht muß man lernen können, wie man vorgeht, um zu historischen Erfahrungen zu gelangen“. (Hug, W.: Geschichtsunterricht, S. 48)
„Eigentlich müßten alle Fragen, die den Schüler zu einer historischen Erfahrung führen sollen, von ihm selbst gestellt werden“ fordert Hug (a.a.O., S. 46). Gemäß diesem Postulat beginnt die Stunde mit der Erstellung eines Fragenkataloges, bei der der Lehrer allenfalls Formulierungs- und Strukturierungshilfe leistet.
Die motivierende Wirkung, die von einem solchen Stundeneinstieg ausgeht, wird im folgenden noch weiter verstärkt durch den Einsatz von Geschichts-Comics, denen bescheinigt wird, daß sie „Leben“ in die Geschichte bringen und daß ihr Informationsgehalt teilweise höher sei, als der mancher Geschichtsbücher (vgl. Riesenberger, D.: Geschichte in Comics, in: GWU 3/1974). Durch den Einsatz von Comics begegnet der Lehrer den Schülern zugleich auf einer Ebene, die ihnen vertraut ist. Die Verwendung des Comics in der vorliegenden Stunde erfolgt jedoch nicht nur in illustrativer Absicht, sondern fordert durch den wiederholten Einsatz am Ende der Stunde zur „Veränderung des konsumorientierten und unkritischen Leseverhaltens in ein reflektiertes und kritisches Leseverhalten gegenüber Comics“ heraus, ohne den Schülern gänzlich den Spaß daran zu verderben (Riesenberger, S. 173).
Die Konzeption von Unterrichtsschritt 2 und 3 folgt den Erkenntnissen von Jean Piaget (z.B. Psychologie der Intelligenz, Zürich, [3]1967), der Denken als „verinnerlichte Tätigkeit“ definiert. Nach seinen Untersuchungen entwickelt sich dieses Denken über die „konkreten Operationen“ des Kleinkindes (Betasten, Begreifen) zur höheren Stufe der „formalen Operationen“ im jugendlichen Alter. Letztere beziehen sich nicht mehr nur auf konkrete Dinge sondern in verstärktem

Maß auf das Nicht-Gegenwärtige und auf das Mögliche und sind daher für den Geschichtsunterricht von besonderer Relevanz. Piaget bezeichnet das Denken auf dieser Stufe als ein schlußfolgerndes Denken, das hypothetisch-deduktiv vor sich geht.
Mit Hilfe des unterbreiteten Materials bekommt der Schüler nun die Möglichkeit, den Weg zu den angestrebten Erkenntnissen selbst zurückzulegen, auch der Schwächere oder Langsamere, der im schnellen Gedankenaustausch des Lehrer-Schüler-Gesprächs vielleicht weniger zum Zug kommt. „Wenn überhaupt etwas vom Unterricht behalten wird, dann sind es am ehesten diese selbst erarbeiteten, nicht die in die Schüler hineingelegten oder hineingefragten Einsichten. Wer durch Arbeitsunterricht gelernt hat, Fragen zu stellen, Informationen zu verarbeiten (...), der wird am ehesten Lust haben, weiterzufragen und sich mehr Informationen aus Sachbüchern oder später auch aus wissenschaftlichen Werken zu holen (...).“ (Dörr, M.: Quellen, Quellen, Quellen – und die Alternative? in: GWU 5/1983)

Lernziele

Die Schüler erarbeiten
- aus verschiedenen Informationen und Quellen die Lebens- und Arbeitsverhältnisse römischer Legionssoldaten,
- die Ausrüstungsgegenstände römischer Soldaten,
- idealtypische Tagesabläufe römischer Soldaten,
- Funktion und Erscheinungsbild römischer Kastelldörfer (vici).

Die Schüler erkennen
- die Methoden der Altertumswissenschaften zur Erlangung und Überprüfung historischer Erkenntnisse,
- daß die römischen Soldaten nicht nur kämpften und eroberten, sondern darüber hinaus zahlreiche andere Funktionen innerhalb ihres Heeresverbandes wahrzunehmen hatten,
- die Härte und Entbehrungen, denen römische Soldaten ausgesetzt waren.

Die Schüler beurteilen
- die Aussagekraft und die historische Objektivität von Geschichts-Comics.

Verlaufsskizze

Unterrichtsschritt 1: Fragestellungen

Der Lehrer beginnt die Stunde mit der kommentarlosen Projektion der Folie mit dem Grundriß einer Mannschaftsbaracke (contubernia) (siehe Vorschlag für eine Folie, S. 54). Die Schüler sollen Vermutungen darüber anstellen, um was für eine Art von Gebäudegrundriß es sich handeln könnte, und sollen diese auch jeweils begründen. Von Fall zu Fall kann der Lehrer strukturierend eingreifen. Ist die richtige Lösung erst gefunden, ergibt sich daraus das Stundenthema von selbst. Weitere Fragen nach dem Leben und der Tätigkeit des römischen Soldaten können gestellt, im Lehrer-Schüler-Gespräch gesammelt und in einem Fragenkatalog an der Nebentafel fixiert werden. Folgender Katalog könnte dabei zustande kommen:
1. Wie gestaltete sich der Tagesablauf eines Soldaten?
2. Wie wohnten die Soldaten?
3. Was verdiente ein römischer Legionär?
4. Woraus bestand seine Ausrüstung?
5. Wie verbrachte der Soldat seine Freizeit?
6. Welche Aufgaben hatte der Soldat im Rahmen seines Dienstes?

Einige der Fragen können bereits bei nochmaliger Betrachtung des contubernia-Grundrisses hypothetisch beantwortet werden (der Lehrer sollte vorausschicken, daß es sich dabei um die Unterkunft einer Zenturie handelt).

Hypothesen aus dem Grundriß:

- In einer Stube einer Zenturie (Sollstärke 80 Mann) lagen 8 Soldaten.
- Der Platz für jeden einzelnen in der Stube war also recht beengt.
- In der Stube wurde auch gekocht. Mußten sich die Soldaten selbst verpflegen?
- Der Zenturio wohnte im selben Gebäude (große Räume im rechten Teil der Baracke), die Soldaten waren also immer unter der Aufsicht ihres Vorgesetzten.

Nach der Auswertung des Grundrisses überlegt der Lehrer zusammen mit den Schülern, welche Möglichkeiten es gibt, Antworten auf die übrigen Fragen zu gewinnen (archäologische Funde, schriftliche Quellen usw.).

Unterrichtsschritt 2:
Die Auswertung von Fundgegenständen

Mit dem Hinweis, er habe eine weitere Möglichkeit gefunden, herauszubekommen, wie die römischen Soldaten früher gelebt haben, überrascht der Lehrer die Klasse mit der Projektion der Folie aus einem Asterix-Comic (siehe Vorschlag für eine Folie, S. 54). Es werden hier verschiedene Tätigkeiten dargestellt, mit denen die Soldaten angeblich beschäftigt gewesen sein sollen. Sie werden kurz zusammengetragen mit dem Hinweis, daß man sie am Ende der Stunde anhand der bis dahin erarbeiteten Fakten überprüfen wolle (Fixierung an der Nebentafel möglich). Zunächst sollen sich die Schüler aber in die Situation des Archäologen versetzen, der aus der Fülle von Einzelfunden einer Ausgrabung in einem Kastell die eingangs gestellten Fragen beantworten soll. Dazu wird auf einem Arbeitsblatt oder über eine Folienprojektion die Auflistung der Fundgegenstände gezeigt; im Lehrer-Schüler-Gespräch formuliert man Hypothesen im Sinne der Fragestellungen (vgl. hierzu auch die Alternativen), (siehe Vorschlag für ein Arbeitsblatt/Folie, S. 55). Am Ende dieses Unterrichtsschrittes können nun schon einige der Fragen sicher beantwortet werden (2., 4., z.T. 5.), die meisten jedoch nur andeutungsweise oder gar nicht.

Unterrichtsschritt 3:
Weitere Informationen

In dieser Phase sollen die noch ausstehenden Fragen eine Antwort finden. In Stillarbeit erarbeiten die Schüler (Gruppenarbeit möglich) ergänzende Informationen (siehe Vorschlag für ein Arbeitsblatt, S. 56). Diese werden in einem Auswertungsgespräch, orientiert am anfänglichen Fragenkatalog, gesammelt, komprimiert und in das Arbeitsblatt 5 eingearbeitet. Der innere, eingerahmte Teil ist in diesem Blatt bereits vorgegeben, nur die Schlußfolgerungen werden von den Schülern eingetragen. Um ein Arbeitspapier zu erhalten, sind vor dem Kopieren vom Lehrer lediglich die Schlußfolgerungen abzudecken.

Unterrichtsschritt 4:
Vergleich der Informationen aus den Quellen und Texten mit den Informationen aus dem Comic

Dieser Unterrichtsschritt dient der Verfestigung der gerade erworbenen Kenntnisse. Im Rückgriff auf die Comic-Folien-Projektion sollen die Schüler überprüfen, welche Sachverhalte der Comic-Darstellungen dem historisch-archäologischen Befund standhalten, welche übertrieben

Vorschlag für eine Folie (7. Stunde, U'schritt 1)

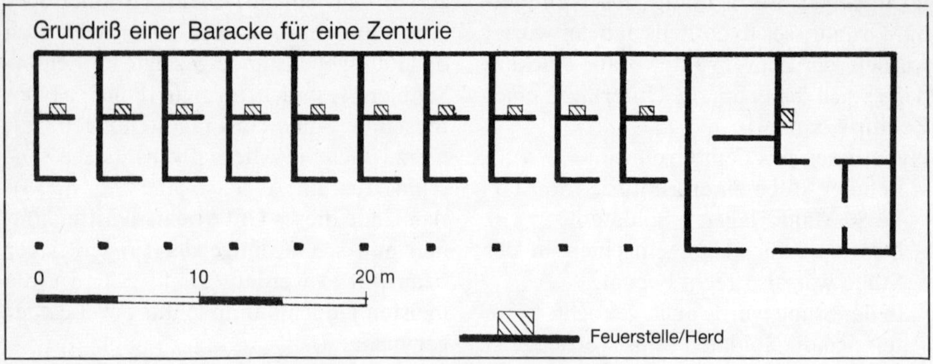

Vorschlag für eine Folie (7. Stunde, U'schritt 2)

(aus: Obelix GmbH + Co. KG, Delta Verlag GmbH, Stuttgart, 1978, Großer Asterix-Band XXIII; Abb. 1: S. 5, Abb. 2: S. 6)

Vorschlag für eine Folie/ein Arbeitsblatt (7. Stunde, U'schritt 2)

(dem Schüler vorgegebene Informationen)		(vom Schüler einzutragende Informationen)
FUNDGEGENSTÄNDE AUS EINER MANNSCHAFTSBARACKE EINES RÖMISCHEN KASTELLS:		ERSTE FRAGEN, VERMUTUNGEN UND DEUTUNGSVERSUCHE IN STICHWORTEN:
Schabeisen Salbfläschchen Holzpantoffeln	Badebedarf	Freizeitgestaltung? Wo befinden sich die Bäder?
Hacken Spaten Ziegelstempel mit dem Zeichen der Legion	Schanzwerkzeuge	oder Ackergeräte? Wozu brauchten die Soldaten Ackergeräte?
Meißel Hämmer Zangen Zimmermannsbeile Stechzirkel	Handwerkszeug	Geräte zur Holz- und Steinbearbeitung Waren die Soldaten gleichzeitig Handwerker?
Wurfspeere, Beinschienen, Helmreste Kettenpanzer, Ledersandalen, Schwerter	Waffen und Ausrüstung	Panzerungen, Nahkampfwaffen, Distanzwaffen
Handmühlen Löffel Becher Tongeschirr	Küchen- und Eßgerät	Aßen die Soldaten auf ihrer Stube? Kochten sie alles selbst? Gab es keine Kantine? Woher bekamen sie die Lebensmittel?
Spielsteine Würfel	Freizeitbedarf	Wann hatten die Soldaten Zeit zum Spielen?

oder falsch dargestellt sind. (Der Nebentafelanschrieb aus Unterrichtsschritt 2 kann in dieser Phase herangezogen werden.)

Mögliche Hausaufgabe:

Verfasse eine erfundene Tagebucheintragung eines römischen Soldaten, in der dieser schildert, wie sein Tagesablauf aussieht; beziehe Dich in Deiner Schilderung auf die tatsächlichen Informationen der Stunde.

Alternativen:

Möchte der Lehrer in Unterrichtsschritt 2 mehr Zeit auf die einzelnen Fundgegenstände verwenden, so bietet sich entweder ein entsprechender Museumsbesuch an oder die Möglichkeit, die einzelnen Fundgegenstände auch im Bild zu zeigen. Abbildungen folgender Gegenstände befinden sich in der nachstehenden Literatur:

Schabeisen (strigilis), Baatz/Riedinger, S. 51
Handmühle, Macauly, Eine Stadt . . ., o. S.
Schanzwerkzeuge (Hacke, Spaten), Baatz/Riedinger, S. 21

Handwerkszeug: Gaitzsch, Röm. Werkzeuge
- Zimmermannsbeil, S. 54, Abb. 26
- Stechzirkel, S. 50, Abb. 20
- Meißel, S. 46, Abb. 16
- Zangen, S. 38, Abb. 38
- Hammer, S. 34, Abb. 6

Waffen: Filtzinger, Limesmuseum
- Pilum (Wurfspeer), S. 92, Abb. 44
- Schwert (gladius) S. 67, Abb. 33,1
- weitere Waffen, Ulbert, Römische Waffen des 1. Jh. n. Chr., Kl. Schr. zur Kenntn. der röm. Besetzungsgesch., Bd. 4, Stuttgart 1968

Alternative zur Hausaufgabe: (bzw. Kooperationsmöglichkeit mit dem Technik-, Werk-, Zeichenunterricht)

Die Schüler sollen versuchen, aus dem Grundriß des Mannschaftsgebäudes eine Zeichnung bzw. ein Modell zu rekonstruieren und anschließend über die Schwierigkeiten berichten, die dabei auftauchten (z. B. Wie sah das Dach aus?, Wie hoch waren die Wände?, Wo gab es Fenster? etc.). Auf spielerische Weise bekommen die Schüler dabei Einblick in die Schwierigkeiten und Fragwürdigkeiten historischer Rekonstruktionen. (Gute Vorübung für einen geplanten Museumsbesuch!)

Vorschlag für ein Arbeitsblatt (7. Stunde, U'schritt 3)

Weitere Informationen:

1. Verdienst römischer Soldaten

Ein Legionär erhielt 225 Denare im Jahr (1 Denar = 4 Sesterzen. Seit Domitian (81 n. Chr.) etwa 300 Denare im Jahr. Der Wert eines Sestertius in republikanischer Zeit betrug etwa 0,20 DM. (Vgl. Krefeld, S. 174) Von seinem Jahressold wurden einbehalten:

etwa	75	Denare für Verpflegung
etwa	10	Denare für Kleidung und Lederzeug
etwa	10	Denare für Heu (bei der Reiterei)
etwa	7	Denare für Beiträge verschiedener Art
=	102	Denare Abzüge

Pro Tag hatte der Legionär also etwa 1,5 Sesterzen zu seiner freien Verfügung. Die Kosten für ein Alltagsgewand lagen bei etwa 10 bis 20 Denaren.

(vgl. Kahrstedt, U.: Kulturgeschichte der römischen Kaiserzeit)

2. Versorgung der Truppe

„Alle 16–17 Tage erhielt der Legionär 12–15 kg Weizen, den er selbst mahlte (siehe Macauly, Eine Stadt wie Rom), daraus seinen Brei kochte oder Brot backte, auch Käse und Gemüse wurden ihm zugeteilt. Fleisch gab es selten." (Schmid, A. und R., S. 53) Die Mainzer Legion verbrauchte für ihre 12000 Mann jährlich etwa 3000 Tonnen Getreide.

(vgl. ebenda, S. 54)

3. Lagerdienst

Zwei Stunden täglich: Exerzieren mit Übungswaffen,
Mehrere Stunden täglich: Wachdienst,
Dreimal monatlich: 30 km Geländemarsch (ambulatio),
Für das Funktionieren des Lagerbetriebes war jeder Soldat zu weiteren Diensten eingeteilt: Bereitschaftsdienst, Lebensmittel-, Futter-, Holzbeschaffung, Wege- und Straßenbau, Ausbesserungsarbeiten im Lager, Arbeiten in der Ziegelei und Töpferei, Schreibdienste, Sanitätsdienste, Verwaltungsdienste, Dienst im Musikkorps.

4. Zeiteinteilung

Tag und Nacht wurden jeweils in zwölf Stunden eingeteilt, wobei mit Tag die Stunden der Helligkeit, mit Nacht die Stunden der Dunkelheit bezeichnet wurden. Im Winter waren demzufolge die Stunden der Nacht länger als im Sommer, die des Tages im Sommer länger als im Winter.

5. Strafen

„Einen wegen Wachvergehens verurteilten Soldaten berührt ein Offizier mit einem

Holzstock. Darauf schlagen alle Soldaten im Lager mit Stöcken und Steinen auf ihn ein. Die meisten finden dabei schon im Lager den Tod, wenn es aber einem gelingt hinauszukommen, bedeutet auch das keine Rettung (...). Er kann weder in seine Vaterstadt zurückkehren, noch würde jemand von den Verwandten wagen, ihn in sein Haus aufzunehmen."

(Polybios, Weltgeschichte 6/37 ff.)

6. Das Lagerdorf (vicus)

„Die Errichtung des Kastells (Grinario/Köngen) brachte schnell auch den Zuzug von Händlern, Marketendern und allerlei fahrendem Volk, das den vorrückenden Truppen ständig auf dem Fuße folgte. Schnell wird in einiger Entfernung zum Lager zunächst eine „Budenstadt" entstanden sein, aus der sich dann ein richtiges Lagerdorf (vicus) mit Holz- und Steinhäusern entwikkelte (...). Es konnte der Nachweis erbracht werden, daß hier schon (...) große Häuser oder Hallen mit Werkstätten standen, in denen Eisengeräte für den Bedarf der Truppe im Kastell produziert wurden. Näher zum Kastell hin lagen wohl Wohnhäuser, Wirtschaften und Geschäfte, in denen sich all das abspielte, was eine spätantike Quelle unter dem Stichwort: amant, potant, lavant (sie lieben, trinken, baden) vom Treiben der Soldaten im Lagerdorf berichtet. (...)

Ob es in nächster Umgebung vom Lager auch vom Militär genutztes Land gab, wissen wir nicht; immerhin ist auch für Köngen mit diesem von anderen Lagern her bekannten Militärterritorium zu rechnen. Auf ihm lagen die von den Soldaten selbst bestellten Äcker, die Wiesen für das Schlachtvieh und die Reittiere, aber auch Steinbrüche und Ziegeleien für das im Lager benötigte Baumaterial."

(nach: Unz, Christoph, Grinario – das römische Kastell und Dorf in Köngen, Führer zu archäologischen Denkmälern in Baden-Württemberg, Bd. 8, Stuttgart 1982, S. 49)

Arbeitsauftrag:
Versuche, mit diesen Informationen die Fragen, die wir am Anfang der Stunde gestellt haben, weiter zu beantworten.

8. Stunde
Römerstädte in Deutschland

Fachwissenschaftliche Vorbemerkungen

Eine Stadt „ist eine Siedlung von gewisser Größe und geschlossener Ortsform, die eine beachtliche Differenzierung des Ortsbildes aufweist, in der städtisches Leben in ausreichender Breite entfaltet ist und der eine ausgesprochene Zentralität eigen ist." (Schwarz, G.: Allgemeine Siedlungsgeographie, Berlin 1966, S. 366) Diese moderne Stadtdefinition trifft auf die Städte der Antike ohne Ausnahme auch zu. Damals wie heute waren und sind Städte Zentren des wirtschaftlichen, politischen, gesellschaftlichen und kulturellen Lebens.

Rund 1000 Städte gab es im römischen Reich, auf deutschem Boden entstanden Städte erst durch die Römer. „Städte waren die Träger der römischen Kultur, Romanisierung ohne Städte ist nicht denkbar; in diesem Sinne ist die Äußerung Tertullians zu verstehen, der im Hinblick auf die zahlreichen Städte sagt: ubique res publica, d. h., überall wird die staatliche Organisation sichtbar." (Haversath, J.-B.: Städte im römischen Deutschland, in: GU 7, 1982, Nr. 4, S. 154)

Gründe genug, die römische Stadt in den Mittelpunkt einer Unterrichtsstunde zu stellen, zumal die Stadt ohne die enge Verknüpfung mit der ländlichen Entwick-

lung und der Funktion des Heeres nicht denkbar gewesen wäre und insofern die Gründung von Städten durchaus einen wichtigen Pfeiler der Herrschaftsausübung der Römer in der Provinz darstellte.
In der vorliegenden Stunde wurde bewußt auf die Unterschiede zwischen den Stadttypen „colonia" und „municipium" verzichtet, zumal diese im wesentlichen nur die rechtliche Stellung der Städte betrifft: Das Prädikat „colonia" besaßen hierzulande mit Sicherheit nur die Städte Köln (Colonia Claudia Ara Agrippiniensium) und Xanten (Colonia Ulpia Traiana); es verlieh ihnen einen Grad an Selbständigkeit der Verwaltung, die dem der Städte Italiens gleichkam.
Die Übersetzung der Bezeichnung „municipium" mit Landstadt ist irreführend. Sehr oft unterschieden sich diese „municipia" in Größe und Grundriß nicht wesentlich von den „coloniae" (z.B. Regensburg – Castra Regina). Erstmals von Caesar im Jahr 49 v. Chr. an latinische Kolonien in Spanien verliehen, erhoben später römische Kaiser bereits städtisch organisierte und mit römischer Lebensart vertraute Gemeinwesen der Provinzen zu „municipia", wohl mit der Absicht, durch sie die Romanisierung voranzutreiben (propugnacula imperii, vgl. Cicero, de lege agraria 2,73).
Ein weiterer, fachwissenschaftlich nach wie vor nicht restlos geklärter Aspekt des römischen Städtewesens in der Provinz Germania ist die Frage der Kontinuität des Siedlungsbestandes der römischen Gründungen. Für die Städte Trier, Mainz, Basel-Augst, Kempten, Straßburg, Regensburg, Lorch und Köln ist eine grundsätzliche, wenngleich von Stadt zu Stadt verschieden ausgeprägte Kontinuität nachgewiesen (vgl. Schönberger, H.: Das Ende oder das Fortleben spätrömischer Städte an Rhein und Donau, in: Jankuhn, H. u.a. (Hrsg.): Vor- und Frühformen der europäischen Stadt im Mittelalter, Teil I. Abh. d. Akad. d. Wiss., Göttingen, phil-hist. Klasse, 3. Folge, Nr. 83, 1975, S. 102 bis 109). Durchgängiges Merkmal für die Kontinuität römerzeitlicher Siedlungen bis heute scheint deren Funktion als Bischofssitz in Spätantike und Mittelalter zu sein. „An den meisten anderen Stellen verging die antike Kultur, neue Siedlungen wurden in der Nähe der antiken angelegt: so z.B. in Xanten, dessen Namen auf ‚apud sanctos', bei den Heiligen (d.h. Märtyrern), zurückgeht und nichts mehr mit der Colonia Ulpia Traiana zu tun hat." (Haversath, J. B., S. 156)

Didaktische Vorbemerkungen

Entwicklung und Funktion von Städten spielen in der Geschichte immer wieder eine zentrale Rolle. Angefangen bei der Herausbildung von Städten im Zweistromland und ihrer Funktion bei der Entstehung von Hochkulturen (vgl. Schmid, H.-D.: Fragen an die Gesch., Lehrerbegleitband 1, S. 35: Hochkultur = Stadtkultur) über die Rolle der Stadtstaaten Griechenlands, die Entstehung des römischen Weltreiches, beginnend mit der sagenhaften Gründung Roms, bieten sich eine Fülle von Anknüpfungsmöglichkeiten an das Thema dieser Stunde. Auch im weiteren Verlauf der Geschichtsbetrachtung sind die Entstehung der Stadt im Mittelalter, die italienischen Stadtstaaten der Renaissance, die Stadt als Zentrum der Industrialisierung, usw. immer wieder Gegenstand des Unterrichts. Immer gehen von der Stadt wichtige Impulse aus, führt die Stadtentstehung zu Entwicklungen und Neuerungen, die nicht nur sie selbst, sondern auch ihr Umfeld betreffen. Der Fächer dieser Impulse ist meist weitgespannt und berührt politische, soziale, wirtschaftliche und kulturelle, philosophische und technische Bereiche. Gleichzeitig sind die Stadtentstehung und die von ihr ausgehenden Einflüsse immer Ergebnisse anderweitiger Bedingungen und Gegebenheiten des jeweiligen historischen Umfelds.

Diese beiden Aspekte, die Entstehung von Städten – hier der römischen Provinzstadt – aufgrund äußerer Entwicklungen und Gegebenheiten, sowie die Funktion dieser Städte im Rahmen der Provinzverwaltung und der Herrschaftsausübung Roms in der Provinz sollen in dieser Stunde im Vordergrund stehen. Im Laufe der Untersuchung dieser Fragen ergeben sich gleichzeitig wertvolle Erkenntnisse, an die in späteren Stunden wieder angeknüpft werden kann (Kulturelle Überlegenheit der Römer, siehe 9. und 11. Stunde; Romanisierung, siehe 11. Stunde). Ferner bezieht die Stunde Ergebnisse voriger Stunden ein (Kenntnis des römischen Heerwesens) und verlangt somit vom Schüler Transferleistungen.

Der spielerische Einstieg über das Buchstabenrätsel gewährleistet eine starke Anfangsmotivation und fördert die Konzentration der Klasse auf das Thema.

Die Erstellung des Tafelbildes in Unterrichtsschritt 3 erfolgt in enger Zusammenarbeit von Lehrer und Schülern. Nach dessen Abschluß soll eine Verbalisierung der Ergebnisse des Tafelbildes durch den Schüler unbedingt angestrebt werden. Auf diese Weise lernt er, „Wesentliches von Unwesentlichem zu unterscheiden, knapp und klar zu formulieren und Zusammenhänge darzustellen." (Vgl. Dörr, M.: Der Tafelanschrieb im Geschichtsunterricht, in: Süssmuth, H. (Hrsg.): Historisch-politischer Unterricht. Medien. Anm. u. Argumente 7.2, S. 144) Dadurch erbringt der Schüler bei der Tafelarbeit nicht nur Leistungen kognitiver, sondern auch instrumentaler Art. Das Problem der Kontinuität römerzeitlicher Siedlungen wird in dieser Stunde dahingehend vereinfacht, daß der Schüler zum Ergebnis kommt, eine solche habe bestanden (vgl. hierzu fachwiss. Vorbemerkungen zu dieser Stunde). Diese Vorgehensweise erschien uns hinsichtlich der Altersstufe der Schüler und angesichts der Tatsache, daß die Kontinuitätsproblematik nicht im Mittelpunkt der Stunde steht, vertretbar.

Lernziele

Die Schüler erarbeiten
- Namen und Lage wichtiger Römerstädte in Deutschland,
- Form und Ursprung römischer Stadtgrundrisse,
- Gemeinsamkeiten und Unterschiede von Provinzstädten und der Hauptstadt Rom,
- die Ähnlichkeiten römischer und heutiger Stadtgrundrisse,
- den Begriff „Kontinuität".

Die Schüler erkennen
- die Vorbildfunktion des römischen Heeres bei der Städtegründung,
- die notwendigen Voraussetzungen von Städtegründungen und die Rolle des Heeres hierbei,
- das Wirkungsgeflecht zwischen Heer, Städten und landwirtschaftlichen Gütern in der Provinz,
- die Städtegründung als Methode der Herrschaftsausübung durch die Römer in der Provinz,
- die stadtrömischen und italischen Einflüsse auf die Provinz und ihre Beförderung durch das Heer.

Die Schüler beurteilen
- die zivilisatorische Funktion der Römer und des römischen Heeres in bezug auf die Provinzverwaltung und Städtegründung.

Verlaufsskizze

Unterrichtsschritt 1:
Römerstädte in Deutschland – Lage und Gemeinsamkeiten

Die Schüler erarbeiten aus dem Buchstabenrätsel die Namen der sechs Römerstädte (s. Vorschlag für ein Arbeitsblatt) und suchen deren Lage im Geschichtsatlas auf (Putzger, S. 30/31) oder zeigen diese an der Wandkarte. Im Lehrer-Schüler-Gespräch werden die Gemeinsamkeiten der Lage dieser Städte erarbeitet und Vermutungen über die Lokation dieser Städte angestellt und beides wird an der Nebentafel fixiert.
Erwartete Ergebnisse:

1. Alle Städte liegen an Flüssen: Flüsse bieten gute Verkehrs- und Handelswege; vielleicht erfolgte die Erschließung der späteren Provinz über die Flußläufe?
2. Alle Städte liegen im Hinterland, weit weg von der Germanengrenze (Ausnahme: Regensburg): Gründung dieser Städte möglicherweise schon zu Beginn der Eroberung der Provinz; vielleicht besaßen die Städte irgendwelche Funktionen bei der Erschließung und Beherrschung der Provinz?

Bei der Verwendung der empfohlenen Karte (Putzger, S. 30/31) könnte ferner bereits erarbeitet werden, daß einige dieser Städte ein Legionslager beherbergten (Regensburg, Augsburg, Mainz, Köln), es also möglicherweise Verbindungen zwischen Heereskonzentrationen und der Anlage von großen Städten gegeben hat. Aus diesen Überlegungen ergeben sich die Fragestellungen für den weiteren Verlauf der Stunde.

Unterrichtsschritt 2:
Römische Provinzstädte – Gründungen des Heeres mit stadtrömischem Gepräge

Nachdem in U'schritt 1 Gemeinsamkeiten der Lage römischer Städte in der Provinz Germania erarbeitet wurden, wird die Untersuchung auf die Anlage und das Erscheinungsbild von Städten in römischen Provinzen generell ausgeweitet. Hier können außer den vorgeschlagenen Grundrissen (siehe Arbeitsblatt 6) auch Darstellungen aus den gängigen Lehrbüchern herangezogen werden. Die Schüler bearbeiten diese in Gruppenarbeit.
(KÖLN: Zeiten und Menschen, Bd. 1, S. 174; Gesch. Weltkunde, Bd. 1, S. 63; Zeitaufnahme, Bd. 1, S. 94, Abb. 3, S. 95, Abb. 6; LONDON: Fr. a. d. G. Bd. 1, S. 111, K2; TIMGAD: Fr. a. d. G., Bd. 1, S. 111, B13; AUGST: Fr. a. d. G., Bd. 1, S. 117, K5; FRIEDBERG/ Hessen: Fr. a. d. G., Bd. 1, S. 129, B40)
Unschwer erkennen die Schüler bei der Arbeit die Charakteristika römischer Provinzstädte: geplante Grundrisse, rechtwinkliges Straßennetz, rechtwinklig sich schneidende Hauptstraßenachsen, quadratische oder rechteckige Stadtanlage, z.T. Stadttore oder Stadtmauern usw. (vgl. TA Nebentafel im Stundenblatt).
Ein Vergleich mit der Stadtanlage der Stadt Rom zeigt in einem weiteren Arbeitsschritt, daß viele der stadtrömischen öffentlichen Einrichtungen (Tempel, Theater, Forum, Thermen usw.) auch in den meisten Provinzstädten vorhanden sind. (Schrägbilder bzw. Grundrisse ROM: Fr. a. d. G., Bd. 1, S. 106, K1; Gesch. Weltkunde, Bd. 1, S. 63/64/65; Menschen in ihrer Zeit, Bd. 1, S. 110; Grundzüge der Gesch., Bd. 1, S. 173; Zeiten u. Menschen, Bd. 1, S. 162/163)
Falls nicht bereits schon in U'schritt 1 geschehen, sollte vom Lehrer an dieser Stelle der Bezug der Stadtgrundrisse römi-

scher Provinzstädte zu Anlagen des römischen Heeres hergestellt werden (vgl. auch 6. Stunde) und auf den Einfluß der Stadt Rom auf die bauliche Ausstattung dieser Provinzstädte verwiesen werden.

Unterrichtsschritt 3:
Der funktionale Zusammenhang zwischen Heer, landwirtschaftlichen Gütern und Städtegründungen

In Stillarbeit bearbeiten die Schüler den Arbeitstext (s. Vorschlag für ein Arbeitsblatt) und beantworten die daran anschließenden Arbeitsfragen. Die Erkenntnisse und Fragen aus Unterrichtsschritt 1 und 2 können nun durch die Ergebnisse der Textarbeit ergänzt und abgerundet werden und führen zur Erstellung des Tafelbildes. Einer oder mehrere Schüler verbalisieren im Anschluß daran das Tafelbild noch einmal mit eigenen Worten und erklären die Zusammenhänge zwischen der Funktion des Heeres, der ländlichen Güter und der Gründung der Städte.

Unterrichtsschritt 4:
Fortbestand römischer Städtegründungen bis in die Gegenwart

Der Lehrer zeigt in einer Folienprojektion (siehe Vorschlag für eine Folie) die Pläne der Stadt Trier zur Römerzeit und um 1800 und fordert die Schüler auf, beide Grundrisse zu vergleichen und daraus Schlußfolgerungen zu ziehen.
(Erwartete Schülerantworten: Trier liegt an derselben Stelle wie zur Römerzeit, das Straßennetz hat sich verändert, einige Straßenzüge sind identisch mit dem römischen Straßenverlauf, der Flußübergang spielt in der Gegenwart dieselbe Rolle wie

Vorschlag für ein Arbeitsblatt (8. Stunde, U'schritt 1)

Y	R	E	I	R	T	E	W	N	H	A	E	A	B
Z	E	I	N	W	L	N	X	L	E	O	T	F	A
K	I	C	G	R	U	B	S	N	E	G	E	R	K
O	E	S	S	E	O	C	O	S	B	F	S	T	B
B	S	E	B	P	I	A	U	G	S	B	U	R	G
L	G	B	N	I	D	S	H	R	K	C	E	I	O
E	N	T	S	E	U	E	S	B	O	F	L	S	L
N	I	F	N	C	H	N	R	B	K	N	E	A	S
Z	E	N	S	T	L	D	I	U	R	A	M	P	I
F	E	C	S	E	I	O	L	S	L	E	A	I	D
H	R	C	O	O	A	M	G	B	E	D	I	A	N
O	L	K	O	H	E	I	E	N	I	D	N	E	E
W	E	S	M	E	W	R	R	G	U	M	Z	M	O

(Auflösung)

In diesem Buchstabensalat sind die Namen von *sechs* Städten (heutige Bezeichnung) enthalten, die bereits in der Römerzeit auf dem heutigen Gebiet der Bundesrepublik Deutschland gegründet wurden.
a) Finde die Namen der Städte heraus!
b) Suche die Lage der Städte auf der Karte!
c) Welche Gemeinsamkeiten haben diese Städte?
Hinweis: Einige Städtenamen sind verschlüsselt! Leserichtungen: → ↓ ↗ ←

früher, die römische Gründung der Stadt besteht bis in die Neuzeit fort, das römische Trier war größer als das Trier um 1800.)

Hausaufgabe:

Suche weitere, heute noch bestehende Städte in Deutschland, die bereits zur Römerzeit gegründet wurden. (Hilfsmittel: z.B. Putzger Geschichtsatlas)

Varianten zum Unterrichtsverlauf:

- Das Buchstabenrätsel zu Beginn von U'schritt 1 kann auch als Hausaufgabe auf die 8. Stunde gegeben werden.
- Die Folienprojektion der Grundrisse von Trier kann auch in Form einer Photokopie als Hausaufgabe gegeben werden. Aufgabenstellung: Vergleiche die Grundrisse und formuliere Schlußfolgerungen!

Vorschlag für ein Arbeitsblatt (8. Stunde, U'schritt 3)

Arbeitstext:

„Eine Stadt ist keine ursprüngliche Siedlungsform, sie kann nur existieren, wenn das umliegende Land landwirtschaftlich, verkehrstechnisch und in seinen Bodenschätzen erschlossen ist. Wie können die Stadtbewohner sonst ihr Geld verdienen, wenn nicht mit Handel und Gewerbe, wovon sollten sie sich ernähren, wenn nicht von den landwirtschaftlichen Erzeugnissen der Umgegend, d.h., die Bauernhöfe auf dem Lande dürfen nicht so klein sein, daß sie nur das für die Familie und das Gesinde Nötige herauswirtschaften, sondern sie müssen für die Stadtbewohner mitproduzieren, es müssen also große, durchorganisierte Betriebe sein. Eine Stadt kann auch nie entstehen oder auch nur weiterbestehen, wenn die Technik nicht so weit entwickelt ist, daß eine Reihe von Berufen entstehen kann, die den Spezialisten verlangt; und schließlich, da in einer Stadt auf sehr engem Raum sehr viele Menschen zusammenleben, ist es nötig, daß die Bewohner einen hinreichenden Bildungs- und Zivilisationsstand erreicht haben, so daß sie imstande sind, sich nach verwaltungsmäßig streng durchorganisierten Grundregeln des Miteinanders zu richten. Alle diese selbstverständlichen Grundvoraussetzungen hätte es nicht gegeben, wenn das römische Militär, während es das germanische Gebiet eroberte und weiter auch während der ganzen Zeit der römischen Herrschaft, nicht systematisch daran gearbeitet hätte, dieses Gebiet nach und nach zivilisatorisch zu erschließen. Will man einen modernen Begriff benutzen, so kann man sagen, daß durch das römische Militär das ‚Entwicklungsland' Germanien seine ‚Infrastruktur' erhielt (d.h. alle für die Wirtschaft oder das Militär eines Landes notwendigen Einrichtungen und Anlagen, z.B. Straßen, Kanalisation, Schiffahrtswege usw.). In der Hand des Militärs lag die Erschließung der Steinbrüche: Häuser konnten nun zum erstenmal in Stein und in beliebiger Größe gebaut werden; die Notwendigkeit, Truppen möglichst schnell verlegen und marschieren lassen zu können, erforderte den Ausbau stabiler Straßen. Die Versorgung der Truppen mit allem Nötigen förderte ganz allgemein den Handel. Gerade in friedlichen Zeiten war die Truppe mit solchen Aufgaben beschäftigt."

(sprachlich leicht vereinfacht nach Linfert-Reich, Inge: Römisches Alltagsleben in Köln, hrsg. v. Römisch-Germanischen Museum der Stadt Köln, ^{3}1977, S. 11ff.)

Arbeitsfragen:

1. Welche Bedingungen nennt der Text für die Entstehung einer römischen Stadt in der Provinz?
2. Welche Rolle spielte das römische Heer bei der Entstehung der römischen Städte in der Provinz?
3. Welche Beziehungen bestehen zwischen Städten, Landgütern und Heer?

Vorschlag für eine Folie (8. Stunde, U'schritt 4)

Römische Kaiserstadt Trier (4. Jh. n. Chr.) | *Trier um 1800*

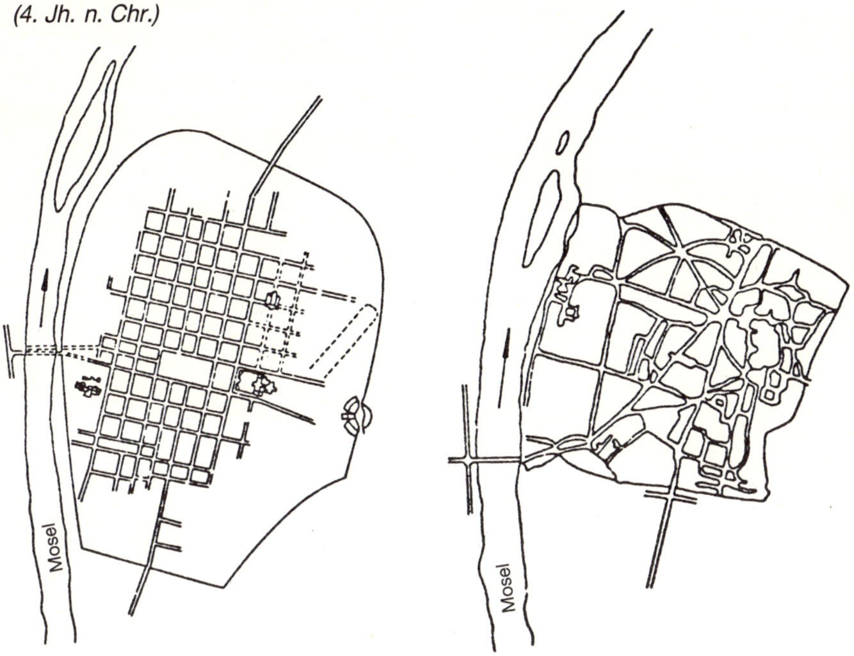

(aus: Haversath, J. B., a.a.O., S. 152)

9. und 10. Stunde
Das tägliche Leben eines Römers in der Provinz / Das tägliche Leben einer germanischen Familie

Didaktische Vorbemerkungen

„Wenn der Film überlegt eingesetzt wird, kann er eines der wirksamsten AV-Mittel der Schule sein, weil dem Zuschauer in der Regel ein lebendiger, abwechslungsreicher und lebensnaher Eindruck vermittelt wird." (Andersen/Sörensen: Medien im Unterricht. Ein Handbuch, Stuttgart ²1976, S. 78)

Gerade für die Themen der 9. und 10. Stunde, die dem Schüler Einblick in die alltägliche Lebensweise von Römern und Germanen vermitteln sollen, bietet der Film die Möglichkeit, die Komplexität der jeweiligen Unterrichtsgegenstände besser und schneller in den Griff zu bekommen, als es durch Einzelbilder, Texte oder Quellen möglich wäre. Es kommt hinzu, daß die motivierende Wirkung des Filmeinsatzes im Unterricht unbestritten ist und meßbarer Leistungszuwachs nachgewiesen wurde (vgl. Hug, W.: a.a.O., S. 143f.).

„Bei der Verwendung visueller Medien im Geschichtsunterricht sollte dem Lehrer in erster Linie die spezifische Funktion visueller Informationsträger für das geschichtliche Denken bewußt sein. Geht man davon aus, daß geschichtliches Denken auf einer inneren Anschauung des konkret Gewesenen beruht, dann haben visuelle Medien die Aufgabe, diesen geistigen Vorgang zu stützen oder ihn zu initiieren, indem sie Geschichtliches vor Augen stellen.“ (Hug, W.: a.a.O., S. 144)

„Filme sind in der Regel Informationsträger, die nicht nachträglich illustrieren sollen, was Schüler schon gelernt haben, sondern an denen historische Sachverhalte relativ direkt zu erkennen und zu analysieren sind.“ (Hug, a.a.O., S. 145f.)

Ausgehend von diesem Verständnis der Funktion eines visuellen Mediums, werden beide Filme als Arbeitsmittel eingesetzt. So verwendet, bedarf der Film jeweils einer Hinführung der Schüler auf sein Thema und seinen Inhalt. In dieser Phase gibt der Lehrer sowohl Informationen, die auf den Inhalt des Filmes neugierig machen, als auch konkrete Arbeitshinweise, die die Aufmerksamkeit des Schülers beim Betrachten des Films bereits auf Fragenkreise lenken, die bei der späteren Auswertung des Gesehenen wichtig sind und die Analysephase bereits vorstrukturieren. Die Fragestellungen des für diese Phase vorgeschlagenen Auswertungsblattes sind daher so gewählt, daß vom Schüler nicht nur die reine Reproduktion des Gesehenen verlangt wird, sondern er darüber hinaus auch weitergehende Fragen aufgrund eigener Überlegung beantworten soll.

Einsatz und empfohlene Auswertung beider Filme schaffen insbesondere auch dann wichtige Grundkenntnisse, wenn an dieser oder späterer Stelle der Unterrichtseinheit ein Museumsbesuch eingeplant ist.

Alternative zu Stundenvorschlag 9. und 10. Stunde:

Sollten die Filme nicht greifbar sein, braucht der Lehrer dennoch nicht auf die beiden Stunden zu verzichten. Die Lebensweise von Römern und Germanen läßt sich ebensogut im Zuge eines Museumsbesuches vergleichend erarbeiten. Hierzu sollten Arbeitsblätter entwikkelt werden, mit denen die Schüler den Museumsbestand selbständig erschließen können (vgl. Didaktische Vorüberlegungen, Abschnitt 3). Ferner bieten die gängigen Lehrbücher eine ausreichende Zahl von Materialien, die die Erarbeitung der Lebensweise von Römern und Germanen ermöglichen:

Römer

Geschichtliche Weltkunde, Bd. 1, S. 59, S. 66, S. 68
Geschichtliche Weltkunde, Quellenheft 1, S. 81f., S. 87f., S. 89f.
Zeitaufnahme 1, S. 94/95, S. 98f.
Zeiten und Menschen, B1, S. 168–175
Menschen in ihrer Zeit, Bd. 1, S. 80ff.
Grundzüge der Geschichte, Bd. 1, S. 162–64, S. 183ff.
Fragen an die Geschichte, Bd. 1, S. 108, 110, 111–118, S. 122–124

Germanen

Geschichtliche Weltkunde, Bd. 1, S. 84ff.
Geschichtliche Weltkunde, Quellenheft 1, S. 128f., S. 130f.
Zeitaufnahme 1, S. 110f.
Zeiten und Menschen, Bd. 1, S. 193ff.
Grundzüge der Geschichte, Bd. 1, S. 188–192
Menschen in ihrer Zeit, Bd. 1, S. 101f.
Fragen an die Geschichte, Bd. 1, S. 128, S. 140f.
erinnern und urteilen, Bd. 1, S. 5–13
Eine gute Quellenauswahl über die Germanen aus Tacitus, „Germania“, findet sich auch bei Völker, Werner: Als die Römer frech geworden . . ., Berlin 1981, S. 101–105.

Es bietet sich angesichts der Fülle des zu bearbeitenden Materials an, beide Stunden im arbeitsteiligen Gruppenunterricht anzulegen. Für die Bearbeitung erscheint die Orientierung an der Gliederung der Filme zweckmäßig. Der Lehrer sollte davon ausgehen, daß er für die Behandlung der Themen ohne Verwendung der Filme etwas mehr Zeit benötigt. Je nach Motivation und Leistungsfähigkeit der jeweiligen Lerngruppe besteht auch die Möglichkeit, die thematische Trennung beider Stundenvorschläge aufzulösen und statt dessen den einen Teil der Klasse zu „Römerspezialisten", den anderen zu „Germanienexperten" zu deklarieren. Im gleichen, zweistündigen Zeitrahmen beschäftigen sich nun die beiden Lerngruppen mit ihrem Thema. Die Dokumentation der Gruppenergebnisse kann dann wieder auf dem Auswertungsblatt erfolgen (siehe Vorschlag für ein Auswertungsblatt), aber auch bis hin zu einer kleinen Ausstellung erweitert werden (Kooperationsmöglichkeit mit Technik und Werkunterricht).

Fachwissenschaftliche Betrachtung zum Begriff „Germanen"

Da es sich umgangssprachlich so eingebürgert hat und auch in dieser Arbeit immer von *den* Germanen die Rede ist, muß dieser Begriff und seine Verwendung hier näher erläutert werden.
Eigentlich hat es *die* Germanen nie gegeben, und auch kein Volk, das sich selbst so bezeichnet hat. Erst Caesar hat die Völker jenseits des Rheines so benannt, nachdem er Gallien erobert hatte. Auch in den literarischen Quellen werden Gallier und Germanen nie eindeutig auseinandergehalten. In der Tat konnte man besonders von den linksrheinischen, direkt am Rhein siedelnden Stämmen nie genau sagen, ob sie nun Gallier oder Germanen waren, weil deren Vermischung wohl schon zu Caesars Zeiten weit fortgeschritten war. Es mag wohl einen namengebenden Germanenstamm im Bereich des Niederrheines gegeben haben (vgl. Tacitus, Germania 2), dessen Name von den Römern fortan auf alle rechtsrheinischen Völkerstämme übertragen wurde, ähnlich wie die Franzosen später die Bezeichnung „Allemands", abgeleitet von dem germanischen Stamm der Alamannen, als generelle Bezeichnung für die Deutschen in ihre Sprache übernommen haben (vgl. Oxford Classical Dictionary, S. 464). Es gilt jedoch als gesichert, daß die einzelnen germanischen Stämme weder ein Zusammengehörigkeitsgefühl als Germanen noch eine gemeinsame Sprache besaßen; vielmehr muß eine Vielzahl ausgeprägter Dialekte bestanden haben, und es ist davon auszugehen, daß sich die einzelnen Stämme sehr wohl durch Stammeseigenheiten und ein ausgeprägtes stammesspezifisches Selbstgefühl unterschieden. Der Sammelbegriff „Germanen" ist auch aus anderen Gründen ungenau, da eine Differenzierung nach dem jeweiligen Siedlungsgebiet eines Stammes nicht mehr möglich wird. So sind sowohl die Chatten, Usipeter, Semnonen und Cherusker, die schon zu tiberischer Zeit in Kontakt mit den Römern gekommen waren, diesen aber immer feindselig gegenüberstanden, ebenso in diesem Germanen-Begriff enthalten, wie etwa die Ubier, die sich freiwillig von den Römern vom rechten auf das linke Rheinufer übersiedeln ließen. Weiter fallen unter diesen Germanen-Begriff die im Limesgebiet ansässigen Mattiaker und Suebi Nicretes und, nicht zu vergessen, die zahllosen Stämme jenseits des Limes im „Freien Germanien". Unter streng wissenschaftlichen Gesichtspunkten müßte sich die Verwendung des Germanen-Sammelbegriffes, sowie die pauschale Festlegung der Germanen auf bestimmte Sitten und Verhaltensweisen, daher eigentlich verbieten.
Der pädagogisch-didaktische Aspekt muß jedoch in erster Linie Kriterien der Überschaubarkeit und Erfaßbarkeit durch Schüler in einer bestimmten Altersstufe berücksichtigen. Aus diesem Grund haben

wir uns entschlossen, weiterhin mit dem pauschalen Germanen-Begriff zu arbeiten.

9. Stunde
Das tägliche Leben eines Römers in der Provinz Obergermanien

Grundlage dieser Stunde bildet der Film „Ein römischer Kaufmann nördlich der Alpen“, Institut für Weltkunde in Bildung und Forschung (WBF), Gemeinnützige Gesellschaft mbH, 2000 Hamburg 76, Karlstraße 29.
16-mm-Unterrichtsfilm, Farbe, Lichtton, Laufzeit ca. 15 Minuten. Autor: Dr. Schulz-Kampfhenkel, Wissenschaftliche Beratung und Mitarbeit: Prof. Dr. H. Borger, Direktor des Römisch-Germanischen Museums, Köln. Der Film befindet sich im Verleih der Landes-, Stadt- und Kreisbildstellen.

Filmbeschreibung

Ausgehend von der Person des Lucius Poblicius, dessen monumentaler Grabbau den Mittelpunkt des Römisch-Germanischen Museums in Köln darstellt, wird gezeigt, wie ein Römer in Germanien 1900 Jahre vor unserer Zeit gelebt und gearbeitet hat.
Der Film ist übersichtlich gegliedert in die folgenden Abschnitte:
- Handel und Handwerk
- Häusliches Leben
- Gesellschaftliches Leben/Freizeitgestaltung

Den Schluß bildet eine ausführliche Zusammenfassung.

Die Sequenzen des Films im einzelnen:

Handel und Handwerk

Bei einem Gang durch ein Handwerkerviertel einer römischen Zivilsiedlung werden die verschiedenen Produkte römischer Handwerkskunst vorgestellt (Bronzegeräte, Tonwaren, Öllämpchen, Tuche etc.), Handelswege und Handelspartner der römischen Kaufleute werden gezeigt: die Provinz Germanien, das freie Germanien und andere, an das römische Herrschaftsgebiet angrenzende Länder (Skandinavien). Die Erkenntnisse dieser Filmsequenz werden weitgehend anhand archäologischer Befunde abgesichert (z. B. römische Funde aus germanischen Gräbern), so daß dem Schüler klar wird, wie solche Aussagen über die Vergangenheit zustande kommen.

Häusliches Leben

Ein römisches Bürgerhaus, in welchem der eingangs erwähnte römische Kaufmann L. Poblicius gelebt haben könnte, bildet den Schauplatz dieser Szenenfolge. Auf der Grundlage von Grabungsbefunden werden Einrichtung, Vorräte und Ernährungsweise einer römischen Bürgerfamilie in der Provinz rekonstruiert. Mit Hilfe einer modernen Theaterszene (Shakespeare: „Julius Caesar“) wird deutlich, wie ein Gastmahl in gehobenen Kreisen vonstatten ging. Darstellungen von Schlafräumen und Badezimmer vervollständigen die Innenansicht des Hauses und machen den hohen Standard römischer Lebensart in anschaulicher Weise deutlich.

Gesellschaftliches Leben/Freizeitgestaltung

Vergleiche von Badeanlagen und Theatern aus Rom mit entsprechenden Bauten aus der Provinz zeigen, wie stark sich die Lebensweise der Römer in den Provinzstädten an den Vorbildern der Stadt Rom orientierte. Gleichzeitig wird klar, wie römische Kultur und Lebensart bis in die tiefste Provinz hineinreichten und dort Maßstäbe setzten.

Lernziele

Die Schüler erarbeiten
- die Erwerbsgrundlagen eines römischen Kaufmanns in der Provinz,
- die Produkte römischen Provinzialhandwerks,
- das Verbreitungsgebiet römischer Handelswaren aus der Provinz Germanien,
- die Lebensweise einer römischen Familie in der Provinz,
- Wohnformen, Wohnungseinrichtung und häusliche Gebrauchsgegenstände der Römer,
- die Möglichkeiten der Freizeitgestaltung in einer Provinzstadt vor 1900 Jahren.

Die Schüler erkennen
- den starken Einfluß stadtrömischer Maßstäbe auf das Leben in den Provinzstädten,
- das Niveau des täglichen Lebens in einer Provinzstadt zur Römerzeit,
- das Ausmaß der zivilisatorischen Wirkung römischer Lebensweise,
- Vorgehensweisen der Archäologie bei der Erforschung der Antike,
- Möglichkeiten und Verfahrensweisen der Erkenntnissicherung archäologischer Funde.

Die Schüler beurteilen
- den Lebensstandard eines Römers in einer Provinzstadt.

Verlaufsskizze

Unterrichtsschritt 1: Hinführung auf das Thema

Um die Schüler auf das Thema des Films und somit der Stunde hinzuführen und sie gleichzeitig neugierig zu machen, erzählt der Lehrer in kurzen Worten die abenteuerliche Fundgeschichte des Grabmals des Kölner Bürgers Lucius Poblicius:

Schon 1884, beim Aufbau der Kölner Neustadt, stieß man bei Ausschachtungsarbeiten am Chlodwigsplatz auf behauene Steinquader mit Bildfragmenten, ohne jedoch auch nur zu ahnen, daß es sich bei dem Fund um Bruchstücke eines der monumentalsten Grabbauten nördlich der Alpen handelte. Die Steine verschwanden daher in den Museumsmagazinen.
Als 1964 die Familie Gens ihr Modegeschäft am Chlodwigsplatz erweitern wollte, stießen die Söhne des Geschäftsinhabers in geringer Tiefe hinter dem Haus wieder auf römische Baufragmente. Daraufhin buddelten sie auch im Keller des Hauses weiter und wurden dort gleichfalls fündig. Archäologen des Römisch-Germanischen Museums bekamen die Fundstücke erst 1965 zu Gesicht und erwarben ein Jahr später zwei der Blöcke für das Museum. Trotz Grabungsverbot schaufelten die Amateurarchäologen tief unter dem Kellerboden weiter, wohin sie durch einen Schrank mit beweglichem Boden heimlich gelangten.
In mühevoller Arbeit nach Feierabend und unter akuter Einsturzgefahr des väterlichen Hauses bargen sie Nacht für Nacht weitere Blöcke mit Reliefs und Inschriften sowie das Standbild des Lucius Poblicius. 1970 unterbreiteten die Hobbyausgräber ihren Fund der erstaunten Öffentlichkeit. Jetzt war klar, daß alle bisher gefundenen Teile, einschließlich der schon im 19. Jh. ausgegrabenen Stücke, zusammengehörten und Bruchstücke eines gewaltigen Monuments sein mußten. Für eine halbe Million DM kaufte das Museum alle bis zu diesem Zeitpunkt gefundenen Stücke auf. Unglücklicherweise wurde bei einem Einbruch in das Museumsmagazin der Kopf des Poblicius entwendet, nachdem er zuvor gewaltsam vom Rumpf der Statue abgeschlagen worden war!

Aufgrund einer polizeilichen Großfahndung konnte der Kopf zum Glück schon bald wieder aufgefunden werden.

(nähere Informationen bei Precht, G.: Das Grabmal des Lucius Poblicius, RGM der Stadt Köln, ²1979)

Erfahrungsgemäß löst die Erzählung dieser Geschichte bei den Schülern vielerlei Fragen aus, denen der Lehrer jedoch mit Hinweis auf den Film begegnen sollte, in dessen Mittelpunkt jener Lucius Poblicius steht. Seine Lebens-, Wohn- und Arbeitsverhältnisse können als typisch für das Leben eines Bürgers in einer Provinzstadt der Römerzeit angesehen werden.

Unterrichtsschritt 2:
Aufgabenstellung

Um eine anschließende Auswertung zu erleichtern, sollen sich die Schüler nach der Filmvorführung auf ein Blatt stichwortartig Notizen zu den folgenden Fragestellungen machen:
a) Wer war jener Lucius Poblicius, was erfahren wir über sein Leben?
b) Wovon lebte er, was war sein Beruf?
c) Wie wohnte Poblicius?
c) Welche Möglichkeiten boten sich einem römischen Bürger wie Poblicius, seine Freizeit zu verbringen?

Unterrichtsschritt 3:
Film: Ein römischer Kaufmann nördlich der Alpen

Filmbeschreibung siehe S. 66

Unterrichtsschritt 4:
Auswertung

Mit Hilfe des Auswertungsblattes (siehe Vorschlag auf S. 71; von den Schülern sind die Angaben der linken und rechten Spalte zu erbringen) und unter Zuhilfenahme der Stichwortblätter werten die Schüler die Informationen des Filmes in Stillarbeit aus.

Varianten zu Unterrichtsschritt 4:

Variante 1:
Die Auswertung des Filmes erfolgt im Lehrer-Schüler-Gespräch nach der Gliederung des Arbeitsblattes. Erst am Ende der Stunde gibt der Lehrer das Auswertungsblatt an die Schüler aus, die es dann als Hausaufgabe ausfüllen.

Variante 2:
Die Auswertung des Filmes erfolgt in Gruppenarbeit. Der Lehrer teilt die Klasse entsprechend der Abschnitte des Filmes in drei Gruppen ein. Jede Gruppe erhält eine Folienkopie des Auswertungsblattes, auf der jeweils nur die Fragen zu einem der drei Abschnitte des Filmes zu beantworten und mit Folienschreiber einzutragen sind. Übereinandergelegt ergeben die drei Folien dann das komplett ausgefüllte Auswertungsblatt.

Hausaufgabe:

siehe 10. Stunde

10. Stunde
Das tägliche Leben einer germanischen Familie

Grundlage dieser Stunde bildet der Film „Alltag in einem germanischen Gehöft“ etwa 2000 Jahre vor der Gegenwart, Institut für Weltkunde in Bildung und Forschung (WBF), Gemeinnützige Gesellschaft mbH, 2000 Hamburg 76, Karlstraße 29. 16-mm-Unterrichtsfilm, Farbe, Lichtton, Laufzeit ca. 15 Minuten. Autor: Dr. Schulz-Kampfhenkel, Wissenschaftliche Beratung und Mitarbeit: Prof. Dr. Adriaan von Müller, Direktor des Staatlichen Museums für Vor- und Frühgeschichte, Berlin, PH-Dozent. Der Film befindet sich im Verleih der Landes-, Kreis- und Stadtbildstellen.

Filmbeschreibung

Der Film bemüht sich um die Rekonstruktion der Wohnverhältnisse und Lebensweise von Germanen 2000 Jahre vor unserer Zeit. Im Mittelpunkt der Darstellung steht der Versuch von Wissenschaftlern, im Versuchszentrum Lejre/Dänemark anhand von Grabungsbefunden ein germanisches Langhaus mit den Werkzeugen und Techniken der damaligen Zeit wiederaufzubauen und in einem Modellversuch das Leben germanischer Bauern, ihre Kleidung, Tagesablauf, Ernährungs- und Wirtschaftsweise zu rekonstruieren. Auch dieser Film zeigt in eindrucksvoller Weise, wie Wissenschaftler heute ihre Erkenntnisse über vergangene Zeiten gewinnen, und vermittelt dem Schüler gleichzeitig durch die Spielszenen einen äußerst lebensnahen Eindruck vom Leben der Germanen.

Die Sequenzen des Films im einzelnen:

1. Als Einstieg zeigt der Film die naturräumlichen Gegebenheiten Germaniens – Wald und Ödland – wie wir sie aus den Überlieferungen des Tacitus kennen. Ein Kameraschwenk endet in einem wiederaufgebauten germanischen Dorf im archäologischen Versuchszentrum Lejre/Dänemark.
2. Der Bau eines germanischen Langhauses wird in seinen wesentlichen Phasen unter Verwendung zeitgenössischer Werkzeuge gezeigt. Die einzelnen funktionalen Teile des Hauses – Wohnteil, Stall und Dachboden – werden vorgestellt.
3. Zunächst wird verdeutlicht, in welchem Zustand Wissenschaftler die Reste germanischer Langhäuser heute vorfinden (Bodenverfärbungen, Brandspuren, Pfostenlöcher). Anschließend wird das rekonstruierte Haus angezündet und die eingestürzten Brandreste mit dem originalen archäologischen Befund verglichen, um zu erfahren, welche Annahmen der Rekonstruktion tatsächlich richtig waren und in welchen Bereichen diese Rekonstruktionsversuche ungenau und daher verbesserungsbedürftig sind.
4. In einer Spielszene begleitet die Kamera den Tagesablauf einer germanischen Großfamilie (vier Generationen unter einem Dach) in einem Langhaus. Die Tätigkeiten der einzelnen Familienmitglieder im Haus und außerhalb desselben vermitteln einen lebendigen Eindruck vom Alltag der Germanen. Diese Szenen sind immer wieder unterlegt mit Zitaten aus der „Germania“ des Tacitus, so daß die historisch-literarische Fundierung des Experiments deutlich wird.

Lernziele

Die Schüler erarbeiten
- die Grundlagen der Wirtschaftsweise der Germanen,
- die Wohn- und Lebensformen der Germanen,
- den idealtypischen Tagesablauf in einer germanischen Sippe.

Die Schüler erkennen
- den Standard germanischer Lebens- und Wirtschaftsweise,

- die Zivilisationsstufe der Germanen zur Römerzeit,
- die Vorgehensweisen der modernen Archäologie bei der Rekonstruktion geschichtlicher Funde.

Die Schüler beurteilen
- die Unterschiede zwischen römischer und germanischer Lebens- und Wirtschaftsweise.

Verlaufsskizze

Der Verlauf der 10. Stunde sollte sich in den Grundzügen am Verlauf der 9. Stunde orientieren.

Unterrichtsschritt 1:
Hinführung auf das Thema

Im Lehrervortrag weist der Lehrer auf die Grundlagen unserer heutigen Kenntnisse über die Germanen hin. (Auf dem Gebiet der literarischen Quellen beschränkt sich unser Wissen über die Germanen im wesentlichen auf *Tacitus'* „Germania", der sich seinerseits mit großer Wahrscheinlichkeit auf *Plinus'* „Bellorum Germaniae" und dessen „Naturalis Historia" stützt. Wahrscheinlich benutzte Tacitus aber auch *Livius* und *Sallust.*) Dabei sollte herausgearbeitet werden, daß diesen Angaben quellenkritisch begegnet werden muß, da wesentliche literarische Hinweise nur von römischer Seite bekannt sind. (Der umfangreichste und detaillierteste Kommentar zu Tacitus „Germania" ist auch heute noch Much, Rudolf: Die Germania des Tacitus, Heidelberg ^{2}1959.) Der Lehrer kann an dieser Stelle mit den Schülern überlegen, wie die literarischen Überlieferungen heute auf ihre Glaubwürdigkeit geprüft werden könnten (z.B. durch archäologische Befunde). Mit diesen Vorüberlegungen ist die direkte Einstiegsmöglichkeit in den Film geschaffen.

Unterrichtsschritt 2:
Aufgabenstellung

Auf folgende Fragestellungen sollten die Schüler während der Filmvorführung besonders achten (Anschrieb auf einer Nebentafel) und während der Filmvorführung stichwortartig Notizen sammeln:
a) Wie wohnen und leben die Germanen?
b) Wovon lebten die Germanen?
c) Vergleiche Lebens- und Wirtschaftsweise der Germanen mit der der Römer.

Frage c) kann während der Filmvorführung noch ausgeklammert werden und dient nur zur Verdeutlichung der weiteren Vorgehensweise.

Unterrichtsschritt 3:
Film: Alltag in einem germanischen Gehöft

Filmbeschreibung siehe S. 69

Unterrichtsschritt 4:
Auswertung

U'schritt 4 erfolgt analog zu U'schritt 4 der 9. Stunde bzw. zu dessen Varianten.

Hausaufgabe:

1. Entsprechend der Variante 1 zu Unterrichtsschritt 4 sollen die Schüler als Hausaufgabe das Auswertungsblatt (siehe Vorschlag für ein Auswertungsblatt, S. 71) ausfüllen.
2. Die Schüler überlegen, welche Folgen der Kontakt der Römer mit den Germanen im kulturellen, wirtschaftlichen und sozialen Bereich gehabt haben könnte.

Vorschlag für ein Auswertungsblatt zu Stunde 9 und 10

(mit erwarteten Schülerantworten, linke und rechte Spalte)

LEBENS- UND WIRTSCHAFTSWEISE VON RÖMERN UND GERMANEN IM VERGLEICH

RÖMER		GERMANEN
	Die Lebensweise	
	a) *Das Haus*	
Villa mit Innenhof zahlreiche Zimmer Mauern aus gebrannten Lehmziegeln Ziegeldach, Mosaikfußböden	– Bauweise	Langhaus ein großer Raum: Stall und Wohnraum kombiniert Strohdach Lehmverkleidete Wände aus Flechtwerk
Badezimmer mit Waschbecken Badewanne, Wasseranschluß Wasserhähne aus Bronze Gemauerter Herd in der Küche Beleuchtung mit Öllämpchen Betten aus Holz oder Metall Speisesofas Feines Geschirr aus Ton und Metall	– Innenausstattung und Einrichtungsgegenstände	Boden aus gestampftem Lehm Keine Waschgelegenheiten Offene Feuerstelle mitten im Haus Gekocht wird an der Feuerstelle Keinerlei Beleuchtung außer dem Feuer der Herdstelle Keine Bettgestelle, sondern gepolsterte Schlafplätze auf dem Fußboden Einfache Tontöpfe zum Kochen und Essen
	b) *Die Ernährung*	
Erlesene Nahrungsmittel: Eier, Schinken, Gemüse, Fisch, Schnecken, Muscheln usw. Verschiedene Küchengeräte, z. B. Kornmühle u. a.		Vorwiegend wilde, im Wald gesammelte Beeren und Früchte, Wurzeln u. a., Fleisch aus der Viehzucht Keine Küchengeräte außer Löffel und Messer
	c) *Die Kleidung*	
Vornehme Kleidung aus fein gewirkten Tuchen (Toga)		Felle und grobe Tuchgewänder Beinkleider (Hosen)
	d) *Die Freizeit*	
Besuch öffentlicher Bäder (Thermen) Gladiatorenspiele Tierhetzen Theater		
	Die Wirtschaftsweise	
Verschiedene Handwerke Ansätze zu fabrikmäßiger Herstellung besonders von Gebrauchsartikeln wie Stoffen, Tonwaren (terra sigillata) und Glaswaren Rege und weiträumige Handelsbeziehungen		Keine Handwerke Ackerbau und Viehzucht für den Eigenbedarf Nur bescheidene Handelsbeziehungen Germanen handeln nur mit Naturalien: Felle, Honig, Bernstein u. ä.

11. Stunde
Römer und Germanen – die Begegnung zweier Kulturen

Didaktische Vorbemerkungen

Bleiben die Stunden 9 und 10 darauf beschränkt, Erkenntnisse und Fakten über das tägliche Leben von Römern und Germanen zusammenzutragen und vergleichend gegenüberzustellen, so soll diese Stunde darüber hinausgehende Einsichten in das Verhältnis der beiden Kulturen zueinander vermitteln.
Über die Konkretisierung der Begriffe „Kulturgefälle" und „Romanisierung" hinaus sollen Denkanstöße zum Problem des Umgangs unterschiedlich entwickelter Kulturen miteinander gegeben werden. Diese Problematik, die ein durchgängiges Phänomen in der Menschheitsgeschichte darstellt (Spanier/Portugiesen ↔ Azteken/Maya/Inka, oder europäische Kolonialmächte des 19. Jhs. ↔ asiatische und afrikanische Kolonialgebiete usw.), bietet sich hervorragend an zur Herstellung von Gegenwartsbezügen (z. B. Nord-Süd-Gefälle, Nord-Süd-Konflikt, Industrieländer/Entwicklungsländer).
„Erst die verschiedenen Gegenwartsbezüge, die der Geschichte immanent sind, treiben das geschichtliche Denken und damit auch den Geschichtsunterricht voran. Sie machen geschichtliches Denken für die Praxis relevant." (Hug, W.: Geschichtsunterricht in der Praxis der Sek.-Stufe I, S. 71) Zur Funktion von Gegenwarts- und Existenzbezügen im Geschichtsunterricht vgl. weiter Schmid, H.-D.: Fragen an die Geschichte, Lehrerbegleitband 1, S. 8)
Die Intention der Stunde zielt zwar in erster Linie auf die überragende Bedeutung der römischen Zivilisationstätigkeit im Rahmen des Romanisierungsprozesses, gleichzeitig sollte dieser Vorgang jedoch nicht als Einbahnstraße erscheinen. Gerade für das Verständnis der Zeit während und nach der Völkerwanderung ist es wichtig zu wissen, daß römische Impulse zwar von den Germanen aufgegriffen, dann jedoch von diesen oftmals konsequent weiterentwickelt wurden und so teilweise wieder auf die römische Zivilisation zurückwirkten, daß aber im Gegensatz dazu bereits während der Periode der Romanisierung einige spezifisch germanische Elemente vom römischen Einfluß weitgehend unberührt blieben (Religion, soziales Ordnungsgefüge usw.).
Die Begegnung zweier Kulturen wird hier also nicht als ein einseitiger und totaler Überlagerungsprozeß der niederen durch die höhere Kultur verstanden, sondern als ein Vorgang des Austausches und der gegenseitigen Befruchtung. Auch dieser Aspekt sollte bei der Herstellung eines Gegenwartsbezuges unbedingt Berücksichtigung finden.

Lernziele

Die Schüler erarbeiten
- wesentliche Unterschiede zwischen der römischen und der germanischen Zivilisationsstufe,
- die Begriffe „Kulturgefälle" und „Romanisierung",
- die Bereiche, in denen römische Kultureinflüsse die Germanen berührten,
- die Bereiche, in denen Germanen zivilisatorische Einflüsse der Römer übernahmen und weiterentwickelten.

Die Schüler erkennen,
- daß sich kulturelle Überlegenheit nicht im Mehrbesitz materieller Güter, sondern in einer höheren Ausbildung von Fertigkeiten und Techniken äußert,

- daß Prozesse wie die Romanisierung durchgängige Phänomene der Menschheitsgeschichte sind,
- daß zahlreiche römische und germanische Elemente bis in unsere Zeit hinein erhalten geblieben sind.

Die Schüler beurteilen
- das Ausmaß der gegenseitigen Beeinflussung von Römern und Germanen,
- die Vorgänge beim Aufeinandertreffen zweier Kulturen mit unterschiedlicher Entwicklungsstufe,
- die Verantwortung der heutigen hoch entwickelten Industriestaaten im Umgang mit den Ländern der Dritten Welt.

Verlaufsskizze

Unterrichtsschritt 1:
Das Verhältnis Römer/Germanen

Ausgehend von der Hausaufgabe, in der die Schüler das Auswertungsblatt (s. 9./10. Stunde) fertiggestellt haben (bzw. Projektion des ausgefüllten Auswertungsblattes über Folie), fordert der Lehrer die Klasse auf, Lebens- und Wirtschaftsweise von Römern und Germanen miteinander zu vergleichen, sie zu charakterisieren und Wertungen vorzunehmen. Die Schüler werden schnell feststellen, daß die Römer den Germanen überlegen waren. An dieser Stelle sollte der Lehrer nochmals hinterfragen, worin diese Überlegenheit nach Ansicht der Schüler bestanden habe. Erwartete Schülerantwort: Schönere Häuser, bessere Kleider usw. Mit diesen Argumenten darf sich der Lehrer jedoch nicht zufriedengeben, sondern sollte weiterfragen, ob das, was jemand hat oder besitzt, schon ein Kriterium für dessen Überlegenheit sein kann. Schnell wird die Klasse darauf kommen, daß sich hier Überlegenheit vor allem in Fertigkeiten und Kenntnissen äußert. Nun beginnt der Lehrer mit dem Tafelbild, indem er Fertigkeiten, Techniken und Wirtschaftsweisen von Römern und Germanen gemeinsam mit den Schülern an die Tafel bringt.

Unterrichtsschritt 2:
Kulturgefälle – Problematisierung des Begriffs

Wiederum im Lehrer-Schüler-Gespräch problematisiert der Lehrer nun sein eigenes Tafelbild (Weshalb sind Römer und Germanen hier nicht auf einer Linie dargestellt?) und erarbeitet mit den Schülern die Begriffe „Kultur-“ bzw. „Zivilisationsgefälle“. An dieser Stelle des Unterrichts bietet sich die erste gute Gelegenheit, Bezüge zur Gegenwart herzustellen. (Beispiel: Industrieländer/Entwicklungsländer: Worauf begründet sich das Gefühl der Überlegenheit der Industriestaaten gegenüber den Entwicklungsländern? Was können die Industriestaaten besser als die Entwicklungsländer? usw.) Im Unterrichtsschritt 5 kann auf dieses Beispiel wieder Bezug genommen werden.

Unterrichtsschritt 3:
Die Komponenten der Romanisierung

Der Gegenwartsbezug wird den Schülern erneut deutlich machen können, daß Überlegenheit damals wie heute im wesentlichen auf Fähigkeiten, Fertigkeiten, Techniken oder „Know-how“ basiert, die der eine dem anderen voraus hat. In Rückbesinnung auf die Filme der 9. und 10. Stunde erarbeitet der Lehrer mit den Schülern, daß die Römer einen solchen Vorsprung an Fertigkeiten etwa im Bereich der Werkzeugherstellung, der Produktionstechniken, des Handwerks und der Baukunst besaßen, und trägt dieses im Tafelanschrieb nach.
In einem zweiten Schritt wird nun hinter-

fragt, welche Auswirkungen diese Überlegenheit der Römer gegenüber den Germanen bei deren Zusammentreffen gehabt haben könnte (vgl. Hausaufgabe der 10. Stunde). Die Schüler werden unschwer erkennen, daß gerade in den gefundenen Bereichen die Germanen stark von den Römern beeinflußt wurden. Ein erneuter Gegenwartsbezug (z. B. Verhältnis USA/Bundesrepublik Deutschland nach 1945), der vom Lehrer eingebracht wird, könnte über den Begriff „Amerikanisierung" zum Begriff „Romanisierung" führen. Im Beispiel bleibend können Einflüsse der englischen Sprache (o.k., Know-how, Computer usw.) auf das Deutsche aufgezeigt werden und dieser Vorgang mit dem Einfluß parallelisiert werden, den die lateinische Sprache auf das Germanische hatte (siehe auch Arbeitsblatt 7 oder Fragen an die Geschichte, Bd. 1, S. 129, T 11). Die Möglichkeit der Kooperation mit dem Deutschunterricht bietet sich hier an.

Unterrichtsschritt 4:
Weitere Aspekte der Romanisierung

Mit Hilfe des Arbeitsblattes 7 erarbeiten die Schüler selbständig weitere Bereiche der Romanisierung (Kalender, Weinbau usw.). Die Ergebnisse finden Eingang in das Tafelbild.

Unterrichtsschritt 5:
Gegenseitige Einflüsse

Bezugnehmend auf das Beispiel in U'schritt 2 (Industrieländer/Entwicklungsländer) stellt sich nun die Frage, ob die Einflüsse heute und damals nur einseitig wirkten. Nach der Lektüre des Pliniusbriefes an Columella (s. Vorschlag für ein Arbeitsblatt) erkennen die Schüler, daß auch seitens der Germanen Einflüsse ausgingen, besonders auf Gebieten, die ihnen vertraut waren (Ackerbau). Der Lehrer weist darauf hin, daß die Germanen römische Einflüsse nicht nur einfach übernahmen, sondern von sich aus weiterentwickelten. Mit diesen Erkenntnissen wird das Tafelbild entsprechend ergänzt.

Mögliche Erweiterung (im Anschluß an U'schritt 5):

Nach Bereitstellung von entsprechendem Material könnte der Lehrer versuchen, zusammen mit den Schülern zu erarbeiten, in welchen Bereichen unseres heutigen Alltags sich spezifisch germanische Elemente erhalten haben, z. B.
Wochentage:
Donnerstag = Tag des Donar, Freitag = Tag der Frija;
Eigennamen:
gunt – Kampf: Gunther (Krieger im Heer)
bern – Bär: Bernhard (stark wie ein Bär)
fried – Friede: Friedrich (der Friedensfürst)
Ortsnamen:
Donnersberg (Rheinland), Donnern (bei Bremerhaven), Donnersdorf (bei Haßfurt), Wodantal (Ruhrgebiet).
Germanische Wortbestandteile in Flur- und Ortsnamen:
werd (Insel, Halbinsel): Donauwörth, Niederwerth
bühl (geringe Höhe): Dinkelsbühl, Heidbühl
lar (Weite): Wetzlar
hay (Busch): Hayer
loh (Gehölz): Gütersloh

(nach: Loch, W./A. Hoffmann: Römer und Germanen, S. 136)

Hausaufgabe:

Die Schüler sollen überlegen, wo in unserem Alltag noch römische Einflüsse zu entdecken sind (Fremdworte, Baukunst, Recht usw.).

Vorschlag für ein Arbeitsblatt (11. Stunde, U'schritt 5)

Plinius an Columella

„Plinius Secundus grüßt seinen lieben L. Iunius Columella. Deine Bitte um Auskunft über Beobachtungen, die ich während meines Aufenthaltes in den germanischen Provinzen gemacht habe, erfülle ich gerne. Es ist nämlich keineswegs so, wie manche unserer Landsleute in dummer Überheblichkeit denken, daß in den von uns besetzten Teilen Germaniens mit der Landwirtschaft nicht viel los sei – im Gegenteil, wir können von der einheimischen Bevölkerung einiges lernen!

So wird es Dich gewiß interessieren, daß von einigen germanischen Stämmen ein Pflug benutzt wird, der unserem *aratrum* meines Erachtens überlegen ist. Während bei unserem Gerät der Pflüger viel Kraft aufwenden muß, um die Pflugsterze in den Boden zu drücken, wird bei dieser gallischen Erfindung, dem sogenannten *plaumoratum,* dafür die Kraft der ziehenden Tiere ausgenützt; der Pflug besitzt nämlich eine Art Fahrgestell mit Rädern, und ich habe Konstruktionen gesehen, die mit mehr als einer Pflugschar ausgerüstet waren. Es mag sein, daß der Räderpflug nicht so tief geht; trotzdem ist der Ertrag der Felder beträchtlich. Ich schreibe das auch einer besonderen Form der Düngung zu: Die Bauern schaffen nicht nur Stallmist auf die Felder, sondern auch verschiedene Arten von Gestein, die sie auf Wagen oft weite Strecken transportieren. Bei der Getreideernte benützt man hier ein ebenso einfaches wie nützliches Gerät: Es handelt sich um einen von zwei Rädern getragenen Kasten, an dessen Rückseite sich zwei Deichseln befinden, zwischen die man einen Ochsen oder Esel einspannen kann. Dieser muß den Kasten ins Getreidefeld schieben und kann es in kurzer Zeit abernten. An der Vorderseite des Kastens befindet sich eine lange Reihe scharfer, nahe aneinanderstehender Greifzähne. Diese sind leicht nach oben gekrümmt, so daß sie die Halme erfassen und die Ähren abschneiden können. Ich finde diese Maschine großartig. Sie spart Zeit und Kosten und hat nur einen einzigen Fehler: sie läßt das Stroh auf dem Feld zurück. Wenn man das noch verbessern könnte, wäre sie wirklich ideal.

Wie Du siehst, bewundere ich diese Bauern am Rhein und an den anderen Flüssen des Nordens.

Wie kann man, wirst Du einwenden, an steinigen Hängen Wein anbauen? Wie sollen auf kargem Boden die Reben und die Bäume, an denen man sie hochzieht, Nahrung finden? Nun, im Norden verzichtet man darauf, den Weinstock mit der Ulme zu vermählen, wie der Dichter Horaz so schön schreibt: Einfache Pfähle tun den gleichen Dienst, und man führt die Reben so, daß sie möglichst viel Sonne abbekommen. Hier benutzt man übrigens Fässer mit großem Erfolg zur Lagerung und zum Transport von Wein. Dadurch, daß sie elastisch sind, und auch mal einen kräftigen Stoß vertragen, sind sie unseren tönernen Amphoren weit überlegen: Denk daran, wieviel guter Wein täglich in den Hafen von Ostia fließt, weil beim Ausladen Gefäße zerbrochen werden.

Nun habe ich aber lange genug vom Weinbau berichtet! Ich wollte nur zeigen, wie rasch sich durch den Erfahrungsaustausch von Römern und Einheimischen sogar in den entferntesten Gebieten unseres Reiches ein bemerkenswerter Aufschwung einstellt.

Leb wohl!

(nach: Geschichte mit Pfiff 9/1980, S. 13f.)

12. Stunde
Das römische Weltreich gerät in die Krise

Fachwissenschaftliche und didaktische Vorbemerkungen

Die Symptome der inneren Schwäche des römischen Weltreiches ab etwa dem Ende des 2. Jh. n. Chr. stehen im Mittelpunkt dieser Stunde. Aus einer Palette wirtschaftlicher, innen- und außenpolitischer Gründe sollen die äußeren Anzeichen der Reichskrise erarbeitet werden, vor deren Hintergrund die Auflösung der römischen Herrschaft in Germanien erst richtig verstanden werden kann.
Zu diesem Hintergrund gehört vor allem die innere Umwandlung des Reiches. War es seit Augustus noch üblich, die Führung des Reiches zu vererben, und hatte beim Fehlen eines Erben der Senat noch gewisse Bedeutung bei der Einsetzung eines Nachfolgers, so wandelte sich diese Praxis bereits mit den Adoptivkaisern. Kompetenzverlust und Zusammensetzung des Senates schmälern in der Folge seinen Einfluß. „Die Zahl der nichtrömischen, ja nicht-italischen Senatsmitglieder wuchs infolge der überaus verschiedenen Nationalität der Kaiser.“ (Krefeld: Res Romanae, S. 33) Mit dem Beginn der großzügigen Bürgerrechtsverleihungen an Provinziale (Caracalla, 212 n. Chr., Constitutio Antoniana) verlor Italien mehr und mehr seinen Vorrang als Stammland der römischen Bürger, was ein Schwinden der Bedeutung Roms und Italiens als Mitte des Reiches und mithin eine Änderung der äußeren Struktur des Reiches nach sich zog (vgl. Krefeld, S. 33). „Durch die Konzentration der Legionen und Hilfstruppen, besonders durch die Anlage des Limes, wurden die Grenzräume des Imperium Romanum zu Ballungsgebieten des römischen Potentials“ (Christ, K.: Röm. Geschichte, S. 225).
„Mit der Einsetzung des Commodus zum Mitregenten und Nachfolger hatte Marc Aurel die Fiktion des Adoptivsystems im römischen Kaisertum preisgegeben und damit neuen Dynastien den Weg geöffnet. Nach der Ermordung des Commodus (192) wurde dann die Abhängigkeit der Kaiser vom Heer, dem wichtigsten Machtfaktor des römischen Reiches im 3 Jh. n. Chr., vollends sichtbar. Zur Zeit des Septimius Severus und der syrischen Kaiserinnen (193–235 n. Chr.) anfangs gezügelt, später immer schrankenloser, herrschte nun die Armee, vollends in der Zeit der sog. Soldatenkaiser (235–284 n. Chr.) (...) Im Innern des Reiches bildet somit die dominierende Rolle der Armee das wichtigste Kennzeichen der Epoche.“ (Christ, K.: a.a.O., S. 236)
Im logischen Zusammenhang mit dem inneren Strukturwandel steht die Veränderung der Situation an den Grenzen des Reiches, wo im Osten wie im Westen stärker werdende und konsequenter gegen die römischen Gegner vorgehende Kräfte das einstmals expandierende Imperium Romanum immer mehr in die Defensive drängten.
Die entscheidenden inneren und äußeren Wirren und Belastungen konnten im ausgehenden 3. Jh. n. Chr. noch einmal kurzfristig durch die Institution des spätantiken Zwangsstaates aufgefangen werden, entzogen sich jedoch auf Dauer einer stabilen Lösung.
Im Unterricht der Sekundarstufe I erfordert die Behandlung dieses Themas sowohl eine erhebliche didaktische Reduzierung als auch eine inhaltliche Begrenzung des Stoffes, sollen diese komplizierten Strukturen für Kinder dieser Altersstufe noch nachvollziehbar sein. In diesem Lichte sollten die dargebotenen Ma-

terialien betrachtet werden: sie führen trotz aller Einfachheit, Verallgemeinerungen, Auslassungen und Vergröberung am Ende doch zu einem Ergebnis, das für den Schüler verstehbar ist, zugleich aber auch unter fachwissenschaftlichem Blickwinkel noch als richtig und redlich gelten kann.

Auch das Vordringen des Christentums und seine allmähliche Verbreitung gehörten zu den Faktoren, die die Krise des römischen Reiches letztendlich mit herbeigeführt haben. Die Einbeziehung dieses Komplexes würde jedoch den thematischen Rahmen der vorliegenden Arbeit sprengen, könnte aber nach Absprache fächerübergreifend durch den Religionslehrer behandelt werden oder aber vom Lehrer über eine Geschichtserzählung dargeboten werden. (Unterrichtseinheiten zu diesem Themenkomplex bei Loch, W./A. Herrmann: Römer und Germanen, Limburg 1981)

Auch können im Rahmen unserer Themenstellung der weitere Verlauf der Reichskrise über das 3. Jh. hinaus, die Tetrarchie, der spätantike Zwangsstaat sowie die Reichsteilung nicht weiter verfolgt werden. (Unterrichtseinheiten zu diesem Themenkomplex bei P. Barcelò/Ch. Konrad: Unterrichtsmodelle zur Röm. Geschichte, Regensburg 1983)

Ziele der Stunde

Die Schüler erarbeiten
- die strukturellen Veränderungen der Wirtschaftsbeziehungen zwischen Rom/Italien und den Provinzen während der Kaiserzeit (bis Ende 3. Jh.),
- die zunehmende wirtschaftliche Abhängigkeit des römischen Stammlandes von seinen Provinzen,
- die politischen Faktoren der vom 1.–3. Jh. wachsenden Instabilität der römischen Herrschaft,
- die Veränderungen der Legitimationsbasis der römischen Kaiser,
- die außenpolitischen Probleme des Imperium Romanum im 2. und 3. Jh.

Die Schüler erkennen
- die wachsende wirtschaftliche Abhängigkeit Roms von seinen Provinzen,
- die zunehmende Dezentralisierung der Macht im Reich,
- den Machtverlust der Hauptstadt Rom in der späten Kaiserzeit,
- die machtpolitischen Konsequenzen der römischen Expansion,
- die Bedrohung des Bestandes des Römischen Reiches von innen und außen,
- die wachsende Bedeutung des römischen Heeres als zentraler Machtfaktor der römischen Innen- und Außenpolitik.

Die Schüler beurteilen
- die zunehmenden inneren und äußeren Schwierigkeiten des Römischen Weltreiches im 2. und 3. Jh. als Folge der Expansion.

Verlaufsskizze

Unterrichtsschritt 1:
Wirtschaftsbeziehungen zwischen Rom und den Provinzen

Der Lehrer beginnt die Stunde mit der Aufzählung der Speisefolge eines römischen Gastmahls (vgl. Fragen an die Geschichte, I, S. 124, T 7), wobei er die Herkunftsländer der erwähnten Speisen auf einer Wandkarte zeigt. Die Schüler erkennen, daß alle aufgezählten Nahrungsmittel aus den Provinzen eingeführt wurden. Im Unterrichtsgespräch erörtert der Lehrer mit den Schülern die Folgen für ein Land, das seine Lebensmittel einführt, und weist auf das Problem der wirtschaftlichen Abhängigkeit des importierenden Landes hin.

Zusatzinformation:

(eignet sich anstelle der Speisefolge ebenfalls als Einstieg in die 12. Stunde)

a) *Weizeneinfuhr nach Rom, 1. Jh. n. Chr.*

aus Sizilien:	500000 Zentner pro Jahr
aus Ägypten:	2750000 Zentner pro Jahr
aus Afrika:	5500000 Zentner pro Jahr

b) Der Monte Testaccio (Höhe 50 m) in Rom ist ein Scherbenberg aus den Bruchstücken von etwa 40 Millionen Amphoren. Diese Tongefäße faßten je etwa 25 Liter Wein, Öl oder auch Weizen, die zwischen 150 und 200 n. Chr. hauptsächlich aus Spanien und Afrika nach der Hauptstadt importiert wurden.

(nach: Fragen an die Geschichte, I, S. 124, T6, T5)

In der Folge werden anhand von Wirtschaftskarten (vgl. Fragen an die Geschichte, I, S. 122/123, K 11, 12, 13, 14) die Handelsbeziehungen zwischen Rom und den Provinzen untersucht. (Anstatt der vorgeschlagenen Karten können auch schematische Skizzen verwendet werden: siehe Vorschlag für eine Folie, S. 79).

Mögliche Fragestellung:
Welche Veränderungen der Handelsbeziehungen sind erkennbar?

Erwartete Schülerantwort:
Ist Rom bzw. Italien zu Beginn des 1. Jh. n. Chr. noch Zentrum der Ausfuhr von Waren in die Provinzen, so läßt diese Exporttätigkeit gegen Ende des Jhs. nach. Dafür überwiegen die Importe aus den Provinzen, wo sich eigenständige Zentren des Exports bilden.
Als Ergebnis wird im Tafelbild festgehalten: Roms wirtschaftliche Stellung läßt seit dem 1. Jh. n. Chr. nach, es wird abhängig von Einfuhren aus den Provinzen und spielt wirtschaftlich eine immer untergeordnetere Rolle.

Unterrichtsschritt 2:
Die Herkunft der römischen Kaiser, 1.–3. Jh. n. Chr.

Im Anschluß an die wirtschaftlichen Strukturveränderungen im Römerreich der Kaiserzeit werden nun die politischen Konsequenzen der Expansion untersucht. Anhand der Karte (siehe Arbeitsblatt 8) erarbeiten die Schüler die Herkunft der römischen Kaiser im 1., 2. und 3. Jahrhundert. Dieser Arbeitsschritt kann in Gruppen- oder Einzelarbeit, über das Arbeitsblatt oder im Unterrichtsgespräch über eine Folienprojektion derselben Karte vorgenommen werden (vgl. hierzu auch U'schritt 3). In jedem Fall finden die Ergebnisse der Schülerbeobachtungen Eingang in das Tafelbild:

- Die Kaiser des 1. Jh. stammen alle aus Italien.
- Die Kaiser des 2. Jh. kommen vorwiegend aus den westlichen Provinzen, insbesondere aus Spanien.
- Die Kaiser des 3. Jh. stammen überwiegend aus den östlichen Provinzen, aus Gallien und Nordafrika.

Im Lehrer-Schüler-Gespräch wird nun erörtert, welche Ursachen diese Entwicklung hatte (z.B. Bürgerrechtsverleihung an die römischen Provinzbewohner im 2. und 3. Jahrhundert, wachsende Gleichberechtigung der Provinzen usw.) und welche Folgen sich für den Bestand des Reiches daraus ergeben haben:

- Machtverlust der Hauptstadt Rom
- Rückgang der ursprünglich römischen Einflüsse auf die Reichsführung
- Dezentralisierung der Macht.

Unterrichtsschritt 3:
Regierungsdauer und Legitimation der römischen Kaiser 1.–3. Jh.

Ebenfalls zu den politischen Veränderungen gehört die immer häufiger wechselnde Abfolge von römischen Kaisern, insbe-

Vorschlag für eine Folie (12. Stunde, U'schritt 1)

Wein- und Olivenhandel

Anfang 1. Jh. n. Chr.

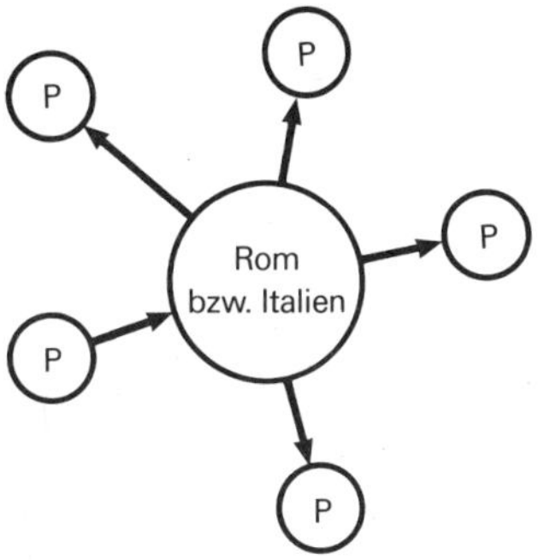

Ende 1. Jh. n. Chr.

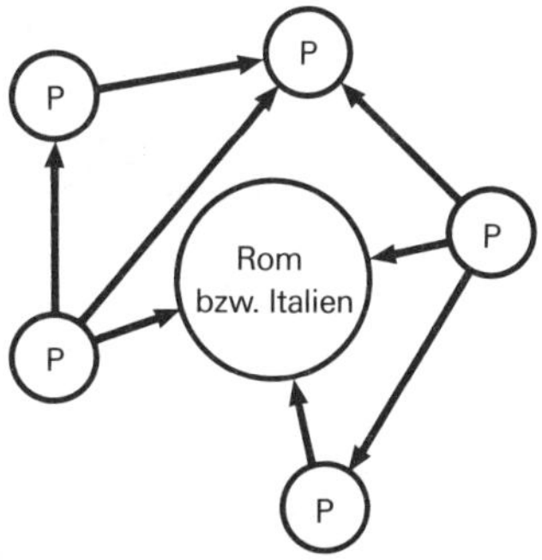

Handel mit Tonwaren (terra sigillata)

Anfang 1. Jh. n. Chr.

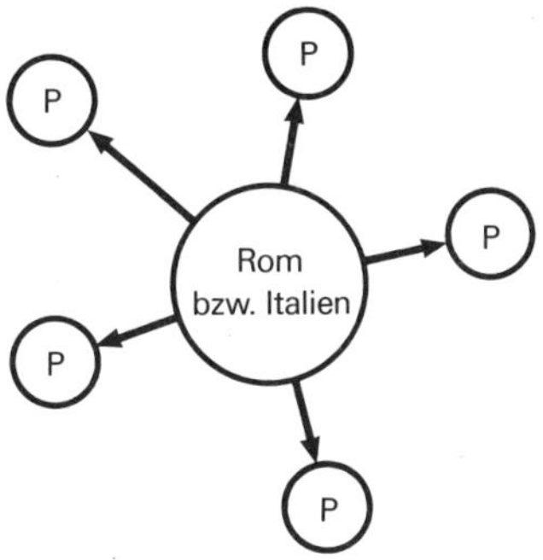

Ende 1. Jh. n. Chr.

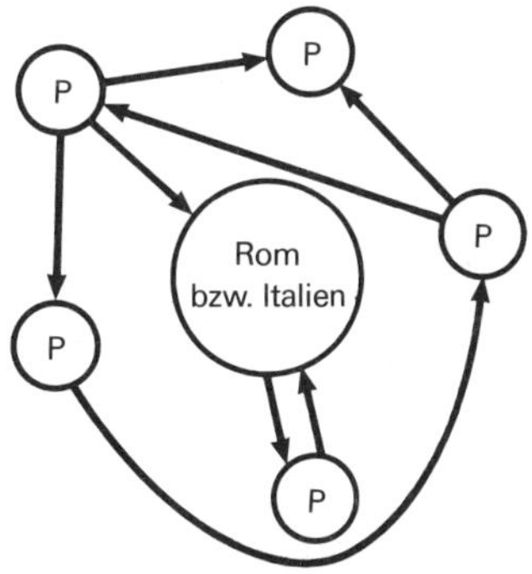

(schematisiert nach den Karten in Fragen an die Geschichte, I, S. 122/123)

Arbeitsfragen:

1. Welche Veränderungen der Handelsbeziehungen zwischen Rom/Italien und den Provinzen sind erkennbar?
2. Welche Schlüsse ziehst Du aus diesen Veränderungen?

sondere derjenigen des 3. Jh., wobei die hohe Zahl der Amtsinhaber, welche durch Ermordung aus dem Amt schieden, unschwer erkennen läßt, daß die Verhältnisse in der Staatsführung des 3. Jh. immer unstabiler wurden. (Tabelle der röm. Kaiser, Regierungszeiten und Legitimation siehe Arbeitsblatt 9)
Hat sich der Lehrer im Unterrichtsschritt 2 für Gruppenarbeit entschieden, so ist es denkbar, die Bearbeitung des Materials für U'schritt 2 mit dem des U'schritt 3 im arbeitsteiligen Verfahren auswerten zu lassen. (Einarbeitung der Ergebnisse ins Tafelbild)

Unterrichtsschritt 4:
Innere und äußere Kriege Roms im 1.–3. Jh.

In gleicher Art und Weise wie das Material der vorhergehenden U'schritte wird die schematische Tabelle über die inneren und äußeren Kriege Roms bearbeitet. Mit Hilfe der Arbeitsfragen kann die Tabelle von den Schülern selbständig ausgewertet werden. Wiederum schließt sich an die Verbalisierung der Aussagen der Graphik eine Hypothesenbildung hinsichtlich der Folgen der herausgefundenen Veränderungen an:
- Die Zahl der Kriege im Innern nimmt im 3. Jh. rasant zu.
- Die Zahl der äußeren Kriege steigt von Jahrhundert zu Jahrhundert an.
- Ab Mitte des 2. Jh. führt Rom nur noch Verteidigungskriege.

Folgen:
- Verlust der inneren Stabilität,
- Machtkämpfe im Innern,
- Macht und Bedeutung des Heeres wachsen,
- das Heer wird zum zentralen Faktor des Bestandes und Fortbestandes des Reiches,
- der Druck auf die Grenzen des Imperiums verstärkt sich.

Erweiterungsmöglichkeiten:

Die Aussagen des Unterrichtsschrittes 4 werden eindrucksvoll unterstrichen durch eine Karte der Standorte römischer Legionen an der Wende 1./2. Jh. (vgl. Fragen an die Geschichte, I, S. 119, K7)

Mit der Eintragung dieser Ergebnisse wird das Tafelbild abgeschlossen.

13. Stunde
Das Ende der römischen Besetzungsgeschichte Germaniens

Fachwissenschaftliche Vorbemerkungen

Bereits im 2. Jahrhundert n. Chr. begann der Druck germanischer Völkerstämme auf den Limes zuzunehmen und schwerpunktmäßige Überschreitungen des Limes etwa durch die Chatten im Jahre 162 n. Chr. fanden statt. Sehr wahrscheinlich waren diese Vorgänge durch Völkerbewegungen im osteuropäischen und skandinavischen Raum ausgelöst worden, wodurch germanische Stämme gezwungen wurden, ihr angestammtes Siedlungsgebiet zu verlassen und nach Westen auszuweichen.
Konnten die vereinzelten Germaneneinfälle am Limes im 2. Jh. n. Chr. noch durch die römischen Truppen pariert werden, so konnte selbst der zwischenzeitlich weiter verstärkte Ausbau des Limes in Obergermanien und Raetien im 3. Jh. n. Chr. großflächige Invasionen in das römisch besetzte rechtsrheinische Gebiet nicht länger aufhalten. Hinzu kam die Tatsache, daß die römische Truppenpräsenz in

Germanien nachließ, da vor allem im Osten des Reiches zahlreiche massive Bedrohungen des römischen Besitzstandes, etwa durch die Sassaniden, abzuwehren waren. Die nachlassende Verteidigungskraft der Römer am Limes scheint den Germanenstämmen nicht verborgen geblieben zu sein. Im großen Alamannensturm der Jahre 259/60 n. Chr. ging schließlich das gesamte rechtsrheinische Gebiet für die Römer verloren, die in der Folge große Mühe hatten, sich wenigstens noch an Rhein und Donau zu halten. „Unter Gallienus ging Raetien verloren, Noricum und Pannonien wurden verwüstet, ‚sub principe Gallieno ... amissa Raetia, Noricum Pannoniaeque vastata' besagt die Notiz eines Panegyrikers (Lobredner) für Constantius I. (Panegyricus Constantio 10)." (Filtzinger et al., a.a.O., S. 95)
Die literarische Quellenlage für die erste Hälfte des 3. Jh. n. Chr. ist denkbar schlecht. So lassen sich die Vorgänge der Alamanneneinfälle in rechtsrheinisches Gebiet fast nur aus archäologischen Zeugnissen wie Grabungsbefunden und Münzschatzfunden rekonstruieren.

Didaktische Vorbemerkungen

In der vorliegenden Stunde wurden bewußt lehrerzentrierte Arbeitsformen (Geschichtserzählung) und arbeitsunterrichtliche Methoden miteinander verbunden. Daß sich beide Arbeitsformen im Geschichtsunterricht sinnvoll ergänzen können hat Mohrhardt nachgewiesen (vgl. Mohrhardt, D.: Plädoyer für die Geschichtsunterricht sinnvoll ergänzen können hat Mohrhardt nachgewiesen (vgl. terrichtlichen Einsatz der Geschichtserzählung schlägt Mohrhardt u. a. vor:
„... die Geschichtserzählung (GE) als Einstieg in einen historischen Problemkreis vorgetragen und im anschließenden Klassengespräch Schüleräußerungen auf die Frage hin strukturieren (lassen), welche der in der GE angesprochenen Fragen oder Probleme beantwortet bzw. bearbeitet werden müssen (...) Die GE an geeigneter Stelle unterbrechen, um das ‚Band der Kausalität' zu lösen. Frage (z. B.): ‚Wie hätte es weitergehen können?' Die Spekulation (...) kann Geschichte zu Geschehen verflüssigen, das Kind oder den Jugendlichen anregen, sich auf diese Spielräume einzulassen." (Mohrhardt, D.: a.a.O., S. 106)
Der Einstieg in die 13. Stunde richtet sich in seiner Anlage nach diesen Vorschlägen, zumal der Zeitungsbericht an der Stelle abgebrochen wurde, an der erklärende Vermutungen über die näheren Ereignisse des Fundes angestellt werden.
Der weitere Stundenverlauf orientiert sich an der Vorgehensweise der 2. Stunde: „Roms Vorstoß nach Germanien." So wie der Schüler dort, eingangs der Unterrichtseinheit, ein Bild vom schrittweisen Vordringen der Römer auf rechtsrheinisches Gebiet gewinnt, soll in dieser abschließenden Stunde der römische Rückzug aus diesen Gebieten bildhaft vermittelt werden.
Methodisch ähnelt die Anlage der Unterrichtsschritte dem Erkenntnisprozeß der archäologischen Forschung, die auf Grund von Grabungsergebnissen versucht, mosaikartig aus Einzelbefunden ein Gesamtbild dieser literarisch schlecht überlieferten Zeit des Endes der römischen Besetzungsgeschichte in Obergermanien zusammenzufügen.
Der Schüler soll also durch Auswerten von Berichten über Grabungsergebnisse aus dem obergermanischen Raum zu einem Gesamtbild jener Phase römischer Provinzialgeschichte gelangen, sich eine Vorstellung davon machen, was damals geschah.

„Bei jeder Bildung von Vorstellungen (...) gilt es, Vorstellung und Realität in ein möglichst adäquates Verhältnis zu bringen, und zwar (...) durch die Projektion von Denkbarem und Möglichem." (Hug, W.: Geschichtsunterricht..., a.a.O., S. 42) Dazu bietet die Stunde mehrfach Gelegenheit und ermöglicht es, dem Schüler genügend gedanklichen Spielraum zu gewähren und ihn gleichzeitig aktiv an der Gestaltung des Unterrichtsverlaufs zu beteiligen.

Ziele der Stunde

Die Schüler erarbeiten
- Erklärungsmöglichkeiten für einen römischen Bronzefund bei Neupotz,
- aus Zeitungsberichten den Zeitpunkt und die Folgen des großen Alamanneneinfalls und das Ende der römischen Besetzung Obergermaniens,
- aus einer Karte über die Verteilung von Münzschatzfunden die räumliche Ausdehnung der Germaneneinfälle im 3. Jh. n. Chr. und deren Folgen,
- die Bedrohung des römischen Reiches an den Grenzen im Osten im 3. Jh. n. Chr. (Erweiterung, U'schritt 3)

Die Schüler erkennen
- das schrittweise Vordringen der Germanenstämme in das römisch besetzte Gebiet zwischen Limes, Rhein und Donau,
- daß der obergermanisch-raetische Limes dem Ansturm der Germanen in der zweiten Hälfte des 3. Jahrhunderts nicht mehr gewachsen war,
- die Maßnahmen und Ergebnisse der römischen Verteidigungsanstrengungen bei der Abwehr der Germaneneinfälle,
- die Aussagekraft archäologischer Einzelfunde für die Rekonstruktion historischer Vorgänge.

Die Schüler beurteilen
- das Ausmaß der Folgen der Alamanneneinfälle des 3. Jahrhunderts im Hinblick auf den weiteren Fortbestand der westlichen Hälfte des römischen Reiches.

Verlaufsskizze

Unterrichtsschritt 1:
Fragen an einen rätselhaften Fund

Variante 1:
Der Einstieg erfolgt mit Arbeitsblatt 10, Text 1 „Fluchtgut oder Beute". Zur Veranschaulichung der Fundlage sollte der Lehrer den Ort Neupotz an der Wandkarte zeigen (östlich von Germersheim direkt am linken Rheinufer).

Variante 2:
Statt den Zeitungsbericht an jeden Schüler auszuhändigen, kann der Lehrer die Stunde auch mit der Nacherzählung des Artikelinhaltes beginnen.
Im Anschluß an Lektüre bzw. Lehrererzählung sollten im Lehrer-Schüler-Gespräch die folgenden Fragen diskutiert werden:
- Wer könnte der Besitzer der Fundgegenstände gewesen sein, wenn es sich dabei um Fluchtgut, wer, wenn es sich um Beutestücke gehandelt hat?
- Liefert die Datierung des Fundes – 2. Hälfte des 3. Jh. – einen Anhaltspunkt, ob die Gegenstände Fluchtgut oder Beute waren?
- Welche Interpretationen des römischen Bronzefundes von Neupotz läßt die Formulierung der Artikelüberschrift zu?

Aus der Diskussion dieser Fragen ergeben sich drei mögliche Lösungen, die an der Nebentafel aufgelistet werden.

1. Fluchtgut → Besitzer = Römer → Fluchtgrund?
2. Fluchtgut → Besitzer = Diebe (Römer? Germanen?) → Fluchtgrund: Verfolgung durch den rechtmäßigen Besitzer der Gegenstände
3. Beute → Besitzer = Germanen → Wie kamen sie in den Besitz der römischen Gerätschaften?

Es zeigt sich, daß alle drei Erklärungsversuche möglich, keiner aber mit absoluter Gewißheit als richtig und voll beweisbar bezeichnet werden kann. Damit stellt sich die Frage, wie weiter zu verfahren ist, um herauszubekommen, welche der gefundenen Möglichkeiten zumindest die wahrscheinlichste ist.

Unterrichtsschritt 2:
Des Rätsels Lösung

Im weiteren Stundenverlauf sollen die in U'schritt 1 aufgeworfenen Fragen einer Lösung nähergebracht werden. Dazu bearbeiten die Schüler das Arbeitsblatt 10, T2–T5. Die Aufgabenstellung lautet: Welche Auskünfte geben die Texte im Hinblick auf unsere Vermutungen?

Am zweckmäßigsten erscheint die Aufteilung der Texte auf mehrere Schülergruppen, die jeweils einen oder zwei Texte bearbeiten. Anschließend berichten die einzelnen Gruppen über das Ergebnis ihrer Arbeit. Die Orte, über die die jeweiligen Texte berichten, sollten dabei an der Wandkarte gezeigt werden (z. B. Die Römer in Deutschland, Velhagen und Klasing, Nr. 34).

Es stellt sich heraus, daß in der zweiten Hälfte des 3. Jh. n. Chr. römische Siedlungen im Gebiet zwischen Rhein und Donau von Alamannenhorden überrannt und zerstört wurden. Das zeitliche Zusammenfallen dieser Zerstörungen mit dem Fund von Neupotz legt den Schluß nahe, daß die dort gefundenen Metallgeräte entweder von Römern stammen, die sich auf der Flucht vor den Alamannen über den Rhein zu retten suchten, oder aber Beutegut der Alamannen waren, die den flüchtenden Römern über den Rhein nachsetzten.

Nachdem die Anzahl der möglichen Deutungsversuche mit diesem Arbeitsschritt auf zwei reduziert werden konnte, soll die Karte mit den römischen Münzschatzfunden endgültige Klarheit bringen. Sie kann als Folie projiziert oder den Schülern als Fotokopie an die Hand gegeben werden.

Mit den folgenden Fragen sollte die Auswertung durchgeführt werden:

- Was ist auf der Karte dargestellt?
- Was sind Münzschatzfunde? (größere Ansammlungen absichtlich vergrabener Geldbeträge in Münzform)
- Was sagt die Verteilung der Münzschatzfunde aus?
- Welche Verbindung gibt es zwischen unseren bisherigen Erkenntnissen in bezug auf den Bronzefund von Neupotz und der Aussage dieser Karte? (Zeitgleichheit, die Ursache beider Funde ist dasselbe Ereignis – der Alamanneneinfall 259/60, die Römer versuchten zu flüchten, und vergruben entweder ihre Habe oder nahmen sie mit)

Am Ende der Kartenauswertung steht das Ergebnis, daß die Funde von Neupotz mit hoher Wahrscheinlichkeit Fluchtgut waren und Römern, die sich auf der Flucht vor Alamannen befanden, gehört haben müssen.

Unterrichtsschritt 3:
Der Verlauf der Alamanneneinfälle im 3. Jh. n. Chr.

Abschließend muß nun noch geklärt werden, wie es zu den Einfällen der Germanen in die römisch besetzten Gebiete zwischen Limes und Rhein gekommen ist und wie diese Entwicklung im einzelnen verlief. (Zu den Ursachen der Germaneneinfälle siehe fachwissenschaftliche Vorbemerkungen)

Variante 1:
Anhand der Zeittafel schildert der Lehrer die Einfälle der Germanen vom 2. Jh. bis in die zweite Hälfte des 3. Jh. n. Chr. sowie die jeweiligen Gegenoffensiven der Römer und verdeutlicht die Vorgänge durch eine begleitende Tafelskizze (siehe Vorschlag für eine Tafelskizze).
Statt einer Tafelskizze können die einzelnen Vorstöße und Gegenschläge durch die Römer auch auf jeweils eine Overheadfolie gezeichnet werden und ergeben – nacheinander auf den Tageslichtprojektor aufgelegt – am Schluß des Vortrages die Gesamtentwicklung der germanischen Offensiven und die Zurücktreibung der Römer hinter Rhein und Donau. Um die Anschaulichkeit zu wahren, sollten bei der Anfertigung der Skizzen verschiedene Farben verwendet werden.

Variante 2:
Der Lehrer gibt den Schülern ein Hektogramm mit der Grundskizze (Rhein, Donau, Limes, Obergermanien, Freies Germanien, Raetien, Gallien). Darauf tragen die Schüler selbständig nach den Angaben der Zeittafel mit verschiedenen Farben Zeit und Stoßrichtung der germanischen Offensiven und der römischen Verteidigungsschläge ein.

Erweiterung:

Wenn genügend Zeit zur Verfügung steht, kann an dieser Stelle auch ein Blick auf die Lage an den übrigen Grenzen des römischen Reiches geworfen werden (vgl. Fragen an die Geschichte, Bd. 1, S. 130, K1; S. 131, Q 1–4, Gesch. Weltkunde, Bd. 1, S. 88, Karte; erinnern und urteilen, Bd. 1, Kap. 5, S. 3, Karte).

In einem Ausblick weist der Lehrer darauf hin, daß seit dem Ende des 3. Jh. Rhein und Donau wieder die römischen Reichsgrenzen bildeten, im 5. Jh. die Römer jedoch auch von dort vertrieben wurden und die westliche Reichshälfte des römischen Weltreiches zusammenbrach.

Zeittafel

213 n. Chr.	Auftauchen einzelner alamannischer Reitergeschwader am Limes; gelegentliche Grenzüberschreitungen; Rückschlag durch Caracalla.
233 n. Chr.	Alamannen überrennen den obergermanisch-raetischen Limes; Vorstoß im Westen bis an die Saar und an die Mosel, im Süden bis zum Alpenrand; Rückzug der Römer hinter den Rhein; Gegenoffensive des Alexander Severus scheitert (235).
236 n. Chr.	Maximinius Thrax wirft in einer erneuten Gegenoffensive die Alamannen wieder hinter den Limes zurück.
242 n. Chr.	Alamannen durchbrechen den raetischen Limes und dringen nach Raetien ein.
254 n. Chr.	Alamannen brechen in das nordwestliche Raetien ein; Abwehr durch Gallienus.
259/60 n. Chr.	Großer Alamannen- und Frankeneinfall weit über den Limes nach Westen und Süden bis nach Gallien hinein.
277 n. Chr.	Kaiser Probus vertreibt die Alamannen und Franken aus Gallien; Rhein und Donau werden wieder die Grenzen des Römischen Reiches; Obergermanien bleibt im Besitz der Germanen.

Vorschlag für eine Folie (13. Stunde, U'schritt 2)

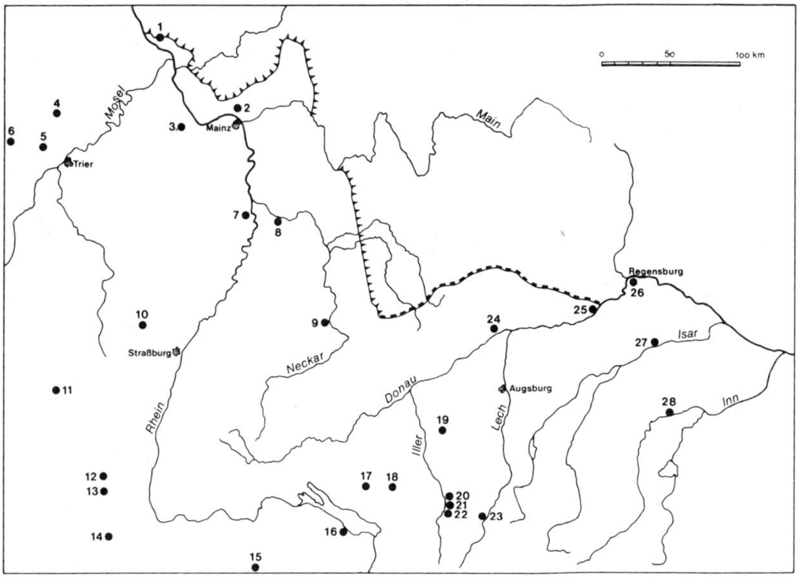

Römische Münzschatzfunde aus der Zeit des Alamanneneinfalls 259/60 n. Chr. (nach H. J. Kellner und R. Roeren)

(aus: Filtzinger et al., Die Römer in Baden-Württemberg, a.a.O., S. 94)

1. Stunde: Aus der Stadt Rom wird ein Weltreich

Die Römer in Deutschland

Schwerpunkte / Problemstellungen:
- Zeitraum, Umfang und Problematik der römischen Machtausdehnung
- Motive und Methoden der römischen Provinzgründungen

Unterrichtsmaterialien:
- Wandkarte bzw. Geschichtsatlas / Folie
- Lehrbuch
- Arbeitsblatt (Hektografie)

U'formen	U'materialien und U'inhalte
U'schritt 1: Der Zeitraum römischer Provinzgründungen	
U'gespräch	Sammlung bereits bekannter Daten der römischen Geschichte: 753 v. Chr. sagenhafte Gründung Roms 753 – 500 v. Chr. Röm. Königszeit 500 – 27 v. Chr. Röm. Republik
Lehrervortrag mit paralleler Tafelbilderstellung (Zeitstrahl)	Die Provinzgründungen Roms: 242 v. Chr. Sizilien (1. röm. Provinz) 115 n. Chr. Assyria (letzte röm. Provinz) 85 n. Chr. germanische Provinzen 242 – 27 v. Chr. 19 Gründungen 242 – 85 n. Chr. 38 Gründungen 242 – 115 n. Chr. 46 Gründungen Einarbeiten der Daten in den Zeitstrahl
Stillarbeit	Arbeitsauftrag: Formuliere Erkenntnisse und Schlußfolgerungen aus den Angaben des Zeitstrahls! – Keine Gründungen in den ersten 500 Jahren – Beginn der Machtausdehnung: Mitte der Römischen Republik – Gründung der germanischen Provinzen erfolgte erst in der Endphase der Gründungen – Phase der Gründungen von Provinzen etwa identisch mit dem Zeitraum der Hochblüte des Römerreiches
U'schritt 2: Die Erweiterung des römischen Herrschaftsbereichs	
	Karte / Geschichtsatlas / Folie (Arbeitsform je nach Medium)
U'gespräch / Stillarbeit	Erschließende Fragen: – Wie und von wo aus erfolgte die Erschließung der Provinzen? – Steckt hinter den Provinzgründungen vielleicht ein System? Was spricht dafür, was dagegen?
U'gespräch	Auswertung der Kartenarbeit

U'formen	U'materialien und U'inhalte
U'schritt 3: Motive der römischen Provinzgründungen	
U'gespräch	Impuls: Weshalb gründeten die Römer überhaupt Provinzen? Hypothesenbildung
	Arbeitsblatt
Stillarbeit	Meinungen antiker Schriftsteller zu dieser Frage
U'gespräch (TA)	Auswertung der Quellenarbeit, Beginn des Tafelbildes (Motive): – Reichtum, Machtstreben, Einfluß – Grenzsicherung, Erwerb von Bündnispartnern – wirtschaftliche Motive (Lebensmitteleinfuhr nach Italien) – Steuereinnahmen (vom Lehrer nachzutragen)
U'schritt 4: Probleme der Machtausdehnung Roms	
	Wandkarte / Geschichtsatlas
U'gespräch	Grenzen der Ausdehnung des Römerreiches im 2. Jh. n. Chr. Strukturfrage: Welche Probleme könnte Roms Machtausdehnung aufgeworfen haben? – lange, weit entfernte und schwer zu bewachende Grenzen – Verwaltung der Provinzen – Völkervielfalt der Provinzen (verschiedene Sprachen, Sitten etc.) – weite Entfernungen für Befehle aus der Hauptstadt Rom u. a. m.
Lehrerinformation	Hinweis auf die Themenstellung der Unterrichtseinheit: Untersuchung der römischen Herrschaft in den germanischen Provinzen

© Ernst Klett Verlage GmbH u. Co. KG, Stuttgart 1985. Alle Rechte vorbehalten.

Mögliche Hausaufgabe:
Arbeite aus den Quellen (Arbeitsblatt) die Methoden der Römer bei der Provinzeroberung heraus. Wieso kommen die Schriftsteller zu so verschiedenen Einschätzungen?

Alternativen / Exkurse / Ergänzungen:
Statt Hausaufgabe: Im Unterrichtsschritt 3 kann mit Hilfe der Quellen auch auf die Methoden der römischen Provinzeroberungen eingegangen werden.

Tafelbild

Motive und Probleme der römischen Machtausdehnung

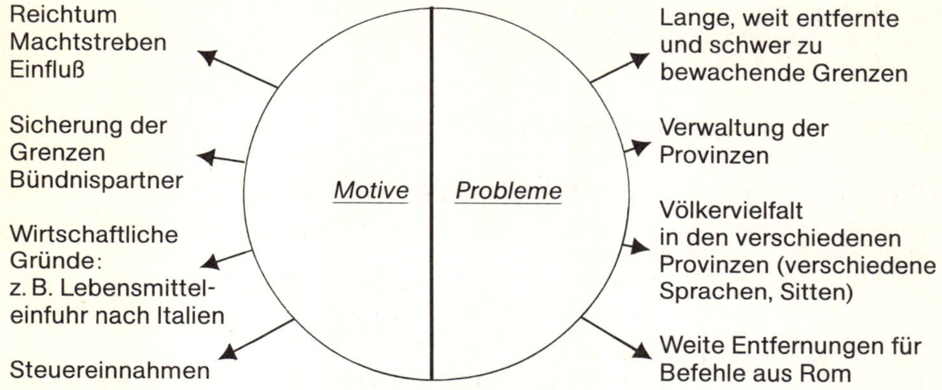

ZEITSTRAHL

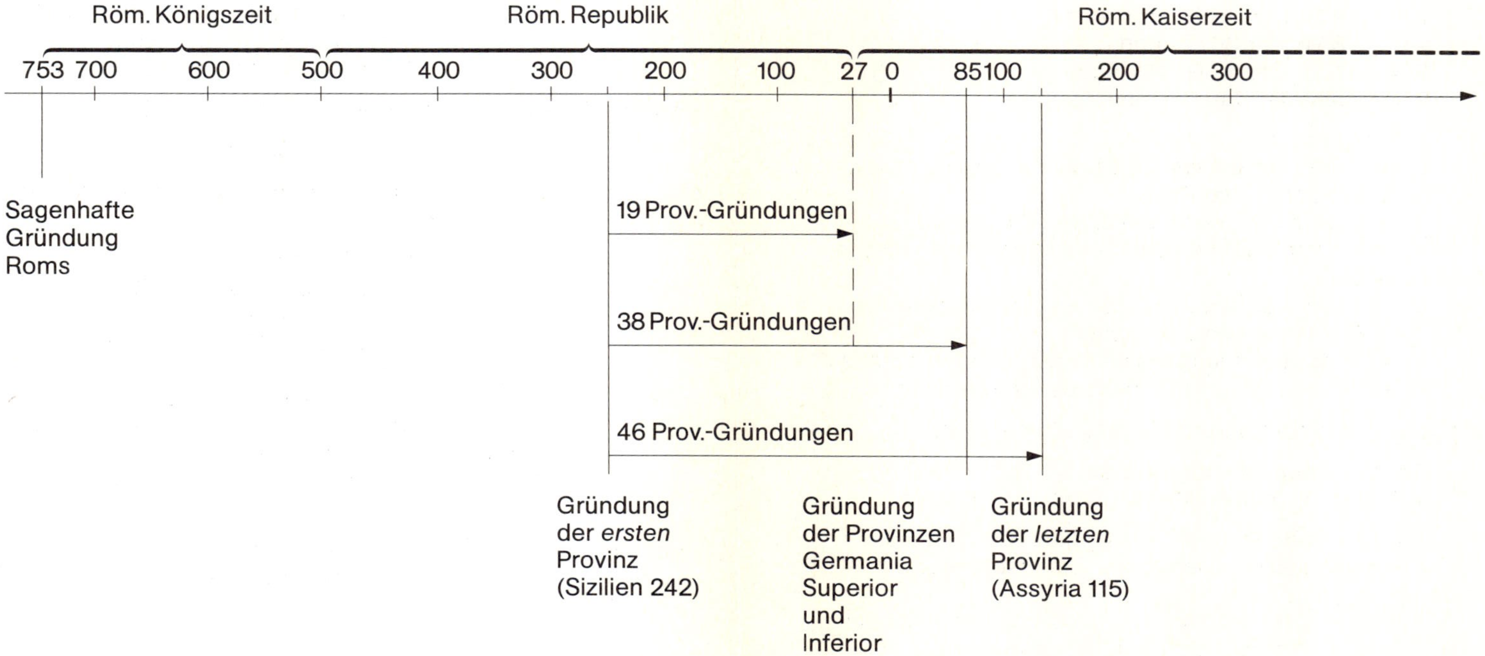

© Ernst Klett Verlage GmbH u. Co. KG, Stuttgart 1985. Alle Rechte vorbehalten.

2. Stunde: Roms Vorstoß nach Germanien

Die Römer in Deutschland

Schwerpunkte / Problemstellungen:
- Stationen der Erweiterung des römischen Machtbereichs nach Germanien
- Motive der Römer für die Vorverlegung der Grenzen und die Errichtung des Limes
- Funktion des Heeres bei der Erweiterung der römischen Einflußsphäre

Unterrichtsmaterialien:
- Wandkarte und / oder Folie
- Arbeitsblatt 1 (Kopiervorlage)
- Arbeitsblatt (Hektografie)

U'formen	U'materialien und U'inhalte
U'schritt 1: Die römische Germanienpolitik bis zum augusteischen Prinzipat	
	Wandkarte
Schülervortrag	Lied: „Als die Römer frech geworden . . ." Ursachen, Verlauf und Ausgang der Schlacht im Teutoburger Wald Römische Germanenkontakte vor dieser Zeit (vgl. Zeittafel, Teil 1)
Lehrerinformation	113 v. Chr. Cimbern und Teutonen dringen nach Germanien vor 58 – 50 v. Chr. Caesars Gallienfeldzüge Rhein = römische Westgrenze 16 v. Chr. Sugambrer dringen auf rechtsrheinisches Gebiet vor und schlagen die römischen Truppen 15 v. Chr. Rom besetzt Raetien, Noricum und Vindelicien 12 v. Chr. Drusus eröffnet Offensive gegen die Germanen (erreicht 9 v. Chr. die Elbe)
U'schritt 2: Römischer Vorstoß über Rhein und Donau im 1. Jh. n. Chr.	
	Arbeitsblatt 1
Lehrervortrag	Grenzverlauf in augusteisch-tiberischer Zeit: Rheingrenze (Mainz-Speyer-Basel), weiter über Windisch-Bregenz-Kempten-Gauting
U'gespräch	Fragestellung: Welche Problematik beinhaltete dieser Grenzverlauf? – lange Wege, lange Grenze (schwer zu bewachen) – Flußgrenzen = leicht überwindbare Hindernisse – personalintensive Grenzüberwachung usw.
	Zeitungsartikel / Fundbericht
Lehrerinformation	Inhalt: Fundbeschreibung aus einem weit jenseits der gezeigten Grenzlinie gelegenen Fundort
U'gespräch	Gesprächsimpuls: Wie kommen römische Gegenstände in diese Gebiete? Mögl. Schüleräußerungen: Handelsbeziehungen, spätere römische Besetzung
	Fragestellung (Fixierung Nebentafel): Wie, wann und weshalb drangen die Römer in das Land zwischen Rhein und Donau vor? Kamen sie überhaupt dorthin?
U'schritt 3: Die Vorverlegung der nördlichen Reichsgrenzen und die Errichtung des obergermanisch-raetischen Limes	
	Arbeitsblatt 1
Stillarbeit	Eintragen der verschiedenen Grenzverläufe und verbale Umsetzung der Arbeitsaufträge 1 – 4 Arbeitsauftrag 5 (Motive der Grenzvorverlegungen): – bessere Verbindung der römisch besetzten Gebiete untereinander – Grenzverkürzung
U'gespräch	Auswertung
	Erweiterungsfrage: Gibt es Möglichkeiten, über andere Quellen die Richtigkeit dieser Ergebnisse zu überprüfen? Erwartete Schüleräußerung: Vergleich mit literarischer Quelle

© Ernst Klett Verlage GmbH u. Co. KG, Stuttgart 1985. Alle Rechte vorbehalten.

U'formen	U'materialien und U'inhalte
U'schritt 4: Überprüfung der Arbeitsergebnisse mit Hilfe einer literarischen Quelle	
	Arbeitstext (Tacitus, Germania 29) Hektografie
Stillarbeit	Fragestellung: Bestätigt diese Quelle unsere Ergebnisse? Welche zusätzlichen Informationen kannst Du der Quelle entnehmen?
U'gespräch	Auswertung
	Bestätigung durch die Quelle
	Zusätzliche Informationen
	Fixierung an der Nebentafel: – Zehntland (agri decumates) = Land zwischen Donau und Rhein, von den Römern besetzt – Limes = Grenzwall zwischen der römischen Provinz Obergermanien und dem unbesetzten „Freien Germanien"
	Ergänzung des Arbeitsblattes: – durch die beiden Begriffe – durch die Kennzeichnung der roten Linie (3 – 18) und der orangen Linie (7 – 20) mit einer Grenzsignatur ▪▪▪▪▪

Hausaufgabe:
Sammle Informationen über Verlauf, Zweck und Aussehen des römischen Limes in Germanien (Lexikon, Wanderführer, Fremdenverkehrsprospekte, etc.)!

Alternativen / Exkurse / Ergänzungen:
U'schritt 1:
Der Einstieg kann ersetzt werden durch:
Variante 2: Lehrervortrag, orientiert an der Zeittafel, Teil 1
Variante 3: Schülerreferat über die Schlacht im Teutoburger Wald
Variante 4: 2. Sequenz des Unterrichtsfilms „Die Römer zwischen Rhein und Donau", (WBF), 13 min., 16 mm, Lichtton und S-8 mm-Magnet / Lichtton

Im Anschluß an U'schritt 4 (Exkurs / Erweiterung):
Lehrervortrag zur Vorverlegung des Limes im 2. Jh. n. Chr. (vgl. Zusatzinformation)

© Ernst Klett Verlage GmbH u. Co. KG, Stuttgart 1985. Alle Rechte vorbehalten.

3. und 4. Stunde: Die Funktionen des römischen Limes

Schwerpunkte / Problemstellungen:
- Der Limes und die Vielfalt seiner Funktionen
- Die Bedeutung des Limes für die Herrschaftsausübung und Herrschaftsbefestigung Roms in der Provinz Obergermanien

Unterrichtsmaterialien:
- Arbeitsblatt 2 (Kopiervorlage)
- Folie
- Wandkarte
- Arbeitsblatt (Hektografie)

U'formen	U'materialien und U'inhalte
	3. Stunde
U'schritt 1: Verlauf und Erscheinungsbild des Limes	
	Wandkarte
U'gespräch	Schüler berichten von ihren Kenntnissen über den Limes (Bezug auf die Hausaufgabe 2. Stunde bzw. persönliche Anschauung)
	Strukturierungsfragen: – Wie unterscheiden sich Obergermanischer und Raetischer Limes? – Welchen Verlauf nehmen beide Limites? – Welche Probleme ergaben sich wohl für die Römer aus dem Bau und dem Unterhalt des Limes? (hoher Bauaufwand, hohe Kosten für Bau und Unterhaltung, großer Personalaufwand.)
	Arbeitsfragestellung: Diente der hohe Aufwand nur der Grenzverteidigung oder hatte der Limes noch andere Aufgaben? (Fixierung an der Nebentafel)
U'schritt 2: Der Limes – ausschließlich militärische Grenzanlage?	
	Arbeitsblatt 2
Lehrerinformation	Erläuterung der Chinesischen Mauer (Lage, Länge, Funktion, Entstehungszeit)
Stillarbeit	Arbeitsauftrag 1 und 2: Beschriftung und Querschnitte Arbeitsauftrag 3: Vergleich raetischer Limes mit Chinesischer Mauer Erwartete Schülerantwort: Beides Grenzverteidigungsanlagen, aber Chinesische Mauer größer, mächtiger, länger
	Beginn Tafelbild: Militärische Grenzfunktion

U'formen	U'materialien und U'inhalte
U'gespräch	Gesprächsimpuls: Welche anderen Grenzfunktionen außer der militärischen könnte der Limes wohl noch gehabt haben?
U'gespräch	Weiterführende Frage: Welche Funktionen haben Grenzen zwischen Ländern heute?
	4. Stunde
U'schritt 3: Weitere Funktionen des Limes	
U'gespräch	Wiederaufnahme der Arbeitsfragestellung (U'schritt 1) und Erweiterung (Fixierung Nebentafel): Welche Funktionen – außer der militärischen Grenzfunktion – hatte der Limes noch?
	Arbeitsblatt T 1 und T 2 (Hektografie)
Stillarbeit	Arbeitsauftrag: Welche Funktionen des Limes kannst Du aus den beiden Textstellen entnehmen? Finde für jede Funktion einen schlagwortartigen Begriff.
U'gespräch	Erwartete Schülerantworten: – Grenzpolizeiliche Überwachungsfunktion – Abschreckungsfunktion Weiterführung des Tafelbildes

© Ernst Klett Verlage GmbH u. Co. KG, Stuttgart 1985. Alle Rechte vorbehalten.

U'formen	U'materialien und U'inhalte
U'schritt 4: Der Limes als Kulturgrenze	
U'gespräch	Wiederaufnahme der Arbeitsfragestellung (U'schritt 1): Weitere Funktionen von Grenzen damals wie heute. Erwartete Schüleräußerungen: Abgrenzung von: – Sprachen – Sitten und Gebräuchen – Traditionen – Lebensart – Währungen usw. = Kulturgrenze Abschluß des Tafelbildes mit dieser Eintragung

Keine Hausaufgabe

Alternativen / Ergänzungen / Erweiterungen:

Variante zu U'schritt 1:
Lehrervortrag zu Verlauf und Erscheinungsbild des Limes mit Hilfe von Wandkarte und / oder Luftbildern

Ergänzung zu U'schritt 2:
Karte „Germanische Funde vor dem Limes" (Arbeitsblatt / Folie)
Bearbeitungshinweis: Jeder Punkt auf der Karte markiert einen neuzeitlichen Fund germanischer Siedlungsspuren.
Gesprächsimpuls: Welche Informationen kann man der Karte entnehmen in bezug auf die Lage germanischer Siedlungen zum Limes?
- Der größte Teil der Germanenstämme siedelte weit vor dem Limes,
- offensichtlich stellten diese weit entfernten Stämme keine ernsthafte Bedrohung für den Limes und das römisch besetzte Gebiet dar.

Weiter mit U'schritt 3.

Variante zu U'schritt 3: Rollenspiel (Vorschlag für ein Arbeitsblatt)
Entwurf einer Spielszene: „Am Limes"
Arbeitsfragen:
- Wie beurteilst Du das Verhältnis Soldaten / Bauernpaar?
- Welche Einstellung hat das Bauernpaar zu den Römern?
- Welche Aufgaben haben die Soldaten am Limes in dieser Szene?
- Weshalb gehen die germanischen Bauern aus dem „Freien Germanien" fort?
- Wohin wollen die Bauern umsiedeln?

Erarbeitung der drei Limesfunktionen aus U'schritt 3
Einarbeitung in das Tafelbild

Tafelbild 3. und 4. Stunde

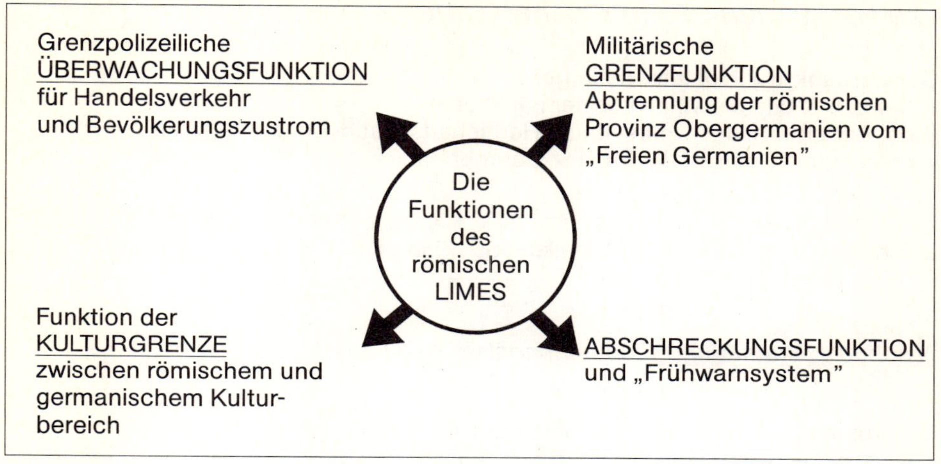

© Ernst Klett Verlage GmbH u. Co. KG, Stuttgart 1985. Alle Rechte vorbehalten.

5. Stunde: Die Soldaten des römischen Heeres in Germanien

Schwerpunkte / Problemstellungen:
- Bilder und Inschriften als historische Quellen
- Prosopographie römischer Soldaten
- Römer und Nichtrömer im römischen Heer

Unterrichtsmaterialien:
- Arbeitsblätter (Hektografien)
- Lehrbücher und / oder Diapositiv / Epidiagramm

U'formen	U'materialien und U'inhalte
U'schritt 1: Einstieg – Sind Grabsteine Geschichtsquellen?	
Lehrervortrag	Erzählung über die Auffindung eines römischen Grabsteines (vgl. Lehrerinformation 9. Stunde, U'schritt 1)
U'gespräch	Gesprächsimpulse: – Sind Grabsteine überhaupt Geschichtsquellen? – Wie sehen heutige Grabsteine aus, welche Informationen vermitteln sie?
	Arbeitsfragestellung: – Welche Informationen enthalten römische Soldatengrabsteine?
U'schritt 2: Analyse der bildlichen Darstellungen auf römischen Soldatengrabsteinen	
	div. Lehrbücher (vgl. Stundenbeschreibung)
Stillarbeit	Abbildungen von Soldatengrabsteinen
U'gespräch	Fragen zum Auswertungsgespräch: – Warum lassen sich die Verstorbenen teils als Zivilpersonen, teils als Soldaten darstellen? – Worauf wird bei den Darstellungen offenbar besonderer Wert gelegt? – Welche Ausrüstungsgegenstände sind zu erkennen? (vgl. Zusatzinformation) – Kann man Vermutungen über die Funktion des Dargestellten im Heer äußern?
U'schritt 3: Analyse der Inschriften Q 1 – Q 4 (römische Legionssoldaten)	
	Arbeitsblatt Q 1 – Q 4
Stillarbeit (Partner- / Gruppenarbeit) Vorbereitung des Tafelbildes durch den Lehrer	Erschließungsfragen: – Welche Angaben werden der Reihe nach gemacht? (Name, Filiation = Sohn des . . ., Stimmbezirk = Herkunft, Zugehörigkeit zu einem Truppenteil, Alter oder Dienstalter, Errichter des Steines) – Woher kamen die Soldaten? (Italien, Spanien, Griechenland etc.)

U'formen	U'materialien und U'inhalte
	– Weshalb geben die Verstorbenen ihren Stimmbezirk an? (diskreter Hinweis auf den Besitz des röm. Bürgerrechts) – In welchem Alter wurden die Verstorbenen Soldaten, und wie lange dauerte ihre Dienstzeit bis zur Entlassung? Auswertung und Übertragung der Ergebnisse in das Tafelbild (Ergänzungen durch den Lehrer sind notwendig)
U'schritt 4: Analyse der Inschriften Q 5 und Q 6 (Auxiliarsoldaten)	
	Arbeitsblatt Q 5 und Q 6
Stillarbeit	Erschließungsfragen vgl. U'schritt 3
	Zusätzlich: – Wodurch unterscheiden sich die Angaben der Q 5 und 6 von denen der Q 1 – 4? Auswertung und Übertragung der Ergebnisse in das Tafelbild (Ergänzungen durch den Lehrer sind notwendig)
	Arbeitsblatt Q 7
Stillarbeit	Erschließende Fragen: – Worum handelt es sich bei dieser Quelle? (Militärdiplom = Entlassungsurkunde) – Wie wird das Leben eines Hilfstruppensoldaten nach seinem Abschied aus dem Heer verlaufen sein?
U'gespräch	Auswertung und Übertragung in das Tafelbild

© Ernst Klett Verlage GmbH u. Co. KG, Stuttgart 1985. Alle Rechte vorbehalten.

U'formen	U'materialien und U'inhalte
U'schritt 5: Schlußfolgerungen	
U'gespräch	Gesprächsimpulse: – Was werden die Legionssoldaten, was die Hilfstruppensoldaten in ihren verbleibenden Lebensjahren getan haben? (Heirat, Ansiedlung in der Provinz, Ergreifen eines Berufs, Integration der Hilfstruppensoldaten durch Erhalt des Bürgerrechts) – Hat sich die lange Dienstzeit für die Hilfstruppensoldaten gelohnt? (ja, sozialer Aufstieg durch Erhalt des römischen Bürgerrechts) – Welche Folgen wird die Ansiedlung der Veteranen für sie selbst und für die Provinz gehabt haben? (Einbringen römischer Sitten und Gebräuche, lat. Sprache usw., Herausbildung einer sozialen Oberschicht, Rassenvermischung usw., vgl. genauer: 11. Stunde) Abschluß des Tafelbildes

Hausaufgabe:
Verfasse mit Hilfe der Quellen die erfundene Lebensbeschreibung eines römischen Legionärs!

Alternativen / Exkurse / Ergänzungen:
Erweiterung zu U'schritt 3:
L'vortrag und U'gespräch: Initiativen zur Übertragung des Kommunalwahlrechts an Gastarbeiter nach längerem Aufenthalt in der Bundesrepublik Deutschland (Pro- und Contra-Diskussion)

Tafelbild

Die Soldaten des römischen Heeres in Germanien

Herkunft:	Rekrutierungsalter:	Dienstort:		Nach der Entlassung:
aus Italien, Spanien, Griechenland etc. = RÖMISCHE BÜRGER	19. – 20. Lebensjahr	Römische Legion in Germanien z. B. in Mainz (Mogontiacum) — 20 Jahre	→ Entlassung + Heiratserlaubnis	Landzuweisung oder Abfindung in Bargeld (stipendium) — Nach der Entlassung bleibt der Veteran meist in der Provinz.
z. B.: Dansaler, Dardaner = Germanische Stämme = NICHTRÖMER	19. – 20. Lebensjahr	Römische Hilfstruppe (Auxiliarheer), z. B. in einem Kastell am Limes — 25 Jahre und mehr	→ Entlassung →	Heiratserlaubnis und Verleihung des römischen Bürgerrechts (einschließlich Ehefrau und Kinder)

© Ernst Klett Verlage GmbH u. Co. KG, Stuttgart 1985. Alle Rechte vorbehalten.

6. Stunde: Lager und Kastelle des römischen Heeres

Schwerpunkte / Problemstellungen:
- Vermesssungstechnik und Aufbau römischer Militärlager
- Gemeinsamkeiten und Unterschiede von Legionslagern und Kohortenkastellen
- Planvolle und systematische Form römischer Herrschaftsausübung

Unterrichtsmaterialien:
- Arbeitsblätter 3 und 4 (Kopiervorlagen)
- Folien
- Wandkarte / Geschichtsatlas
- Lehrbuch
- Arbeitsblatt (Hektografie)

U'formen	U'materialien und U'inhalte
U'schritt 1: Römische Vermessungstechnik	
	Arbeitsblatt 3 „Römische groma"
Stillarbeit	Arbeitsaufträge / Fragen: – Worum handelt es sich bei dem abgebildeten Gerät? (Meßgerät) – Beschreibe das Gerät! – Wozu könnte das Gerät gedient haben?
U'gespräch	Auswertung: (Fragen vgl. Arbeitsaufgaben) Beschreibung einer „groma": senkrechter Stab mit oben aufgesetztem waagerechtem, sich rechtwinklig kreuzendem Stäbchenpaar, an dessen vier Enden jeweils eine senkrecht herabhängende Schnur mit Senklot befestigt ist Funktion einer „groma": Landvermesser (Geometer) visiert über je zwei sich gegenüberliegende Schnüre eine Meßlatte an. Er erhält zwei sich rechtwinklig schneidende Fluchtlinien, in deren Schnittpunkt die „groma" steht. Je nach Festlegung der Achsenabschnitte ergibt die Vermessung ein Quadrat oder ein Rechteck.
U'schritt 2: Der Aufbau römischer Militärlager	
	Arbeitsblatt (Hektografie): Text 1
Stillarbeit (Einzel- / Gruppenarbeit)	Anfertigung eines idealtypischen Lagergrundrisses nach den Angaben des Textes in Form einer Handskizze (Tafel oder Folie)
U'gespräch	Auswertung – Zusammenfassung der Funktion einer „groma" beim Aufbau eines römischen Militärlagers – Welche anderen Einsatzmöglichkeiten einer „groma" sind vorstellbar? (Straßenplanung, Städtebau)

U'formen	U'materialien und U'inhalte
U'schritt 3: Kohorten- und Legionskastelle; Gegenüberstellung und vergleichende Auswertung	
	Arbeitsblatt 4 Wandkarte / Geschichtsatlas (z. B. Putzger, S. 38/39)
Stillarbeit (Einzel- / Gruppenarbeit)	Arbeitsaufträge: – Vergleiche Größe und Lage beider Lager. – Mit wieviel Mann waren die Lager belegt, um welche Art von Soldaten könnte es sich dabei jeweils gehandelt haben? – Welche Gemeinsamkeiten, welche Unterschiede weisen beide Lager auf?
U'gespräch	Auswertung und Übertragung der Ergebnisse in das Tafelbild

Alternativen / Exkurse / Erweiterungen:

Zu U'schritt 1:
Darbietung der Abbildung einer „groma" über eine Folie; gemeinsame Auswertung der gestellten Arbeitsaufträge

Variante zu U'schritt 1:
Bau einer „groma" (Kooperation mit Technik- / Werkunterricht), oder Präsentation einer Abbildung, die römische Vermesser mit der „groma" zeigt – vgl. Stundenbeschreibung)

Zu U'schritt 3:
Die Allgemeingültigkeit der gefundenen Erkenntnisse über Lagergrundrisse könnte in Form einer Erweiterung mit Hilfe von Lehrbüchern / Geschichtsatlas verifiziert werden.

Exkurs zu U'schritt 3:
Zur Ermittlung der Mannschaftsstärke der Kastelle kann der Lehrer die Zahl 500 für das Lager Künzing vorgeben oder die Folie zur Gliederung des römischen Heeres projizieren.

© Ernst Klett Verlage GmbH u. Co. KG, Stuttgart 1985. Alle Rechte vorbehalten.

Tafelbild

Lager und Kastelle des römischen Heeres

(untersucht an den Beispielen Künzing / Quintana und Neuss / Novaesium)

GEMEINSAMKEITEN:

- Beide Kastelle gleichen sich in ihrer äußeren Form und Anlage (vier Tore, rechtwinkliges Straßennetz, principia im Mittelpunkt, rechteckige Anlage, Umwallung mit Wall und Graben, etc.)
- Beide Kastelle enthalten im wesentlichen dieselbe Art von Gebäuden

UNTERSCHIEDE:

- Das Kastell Neuss ist 12,5 mal so groß wie das Kastell Künzing.
- Das Kastell Neuss liegt auf der linken Rheinseite, das Kastell Künzing unmittelbar am Limes.
- Das Kastell Neuss hatte etwa 5 500 bis 6 000 Mann Besatzung, das Kastell Künzing lediglich etwa 500 Mann.

ERGEBNIS

1. Das Kastell Neuss war ein Legionslager, seine Besatzung bestand folglich aus römischen Bürgern.
2. Das Kastell Künzing war ein Kohortenkastell, seine Besatzung bestand also aus Hilfstruppen (auxilia).

SCHLUSSFOLGERUNG

Die Römer bauten alle ihre Lager – gleich, ob Legionslager oder Kohortenkastell – nach ein und demselben Muster. Sie gingen dabei planvoll und mit System vor.

© Ernst Klett Verlage GmbH u. Co. KG, Stuttgart 1985. Alle Rechte vorbehalten.

7. Stunde: Das Leben des römischen Legionärs im Provinzialheer

Die Römer in Deutschland

Schwerpunkte / Problemstellungen:
- Lebens- und Dienstverhältnisse römischer Legionssoldaten
- Funktion und Erscheinungsbild römischer Kastelldörfer (vici)

Unterrichtsmaterialien:
- Arbeitsblatt 5 (Kopiervorlage)
- Folien (contubernia-Grundriß, Asterix-Comic)
- Arbeitsblätter (Hektografien)

U'formen	U'materialien und U'inhalte
U'schritt 1: Fragestellungen	
	Folienprojektion: Grundriß einer Mannschaftsbaracke
U'gespräch	Gesprächsimpuls: Um was für ein Gebäude innerhalb eines Kastells könnte es sich hierbei handeln? Erstellung eines Fragenkatalogs: (Fragen nach Leben und Tätigkeit römischer Soldaten; Nebentafel) 1. Wie gestaltete sich der Tagesablauf der Soldaten? 2. Wie wohnten die Soldaten? 3. Was verdiente ein Legionär? 4. Woraus bestand seine Ausrüstung? 5. Welche Aufgaben hatte der Soldat im Rahmen seiner Dienstzeit? Auswertung: Welche Antworten auf diese Fragen gibt der Gebäudegrundriß? (Zenturienunterkunft) – Pro Stube einer Zenturienbaracke (Sollstärke 80 Mann) lagen acht Soldaten ⟶ wenig Platz für jeden – In der Stube wurde auch gekocht ⟶ Herdstelle! Selbstverpflegung? – Der Zenturio wohnte im selben Gebäude (große Räume rechts). Weiterführender Gesprächsimpuls: Welche Möglichkeiten gibt es, Antworten auf die übrigen Fragen zu finden? (archäologische Funde, schriftliche Quellen usw.)
U'schritt 2: Auswertung von Fundgegenständen	
	Projektion des Asterix-Comics
Lehrer-information / U'gespräch	Auswertung der Comic-Bilder; Sammlung der Aussagen über Tätigkeit der Soldaten (Stichworte: Nebentafel) (vgl. Stundenbeschreibung) Arbeitsblatt / Folie Überprüfung der Comic-Bilder mit archäologischen Fundgegenständen aus einer Mannschaftsbaracke
Stillarbeit	Hypothesenbildung orientiert am Fragenkatalog aus U'schritt 1
U'gespräch	Auswertung: Ergänzung des Arbeitsblattes / Folie (rechte Hälfte)
U'schritt 3: Weitere Informationen	
	Vorschlag für ein Arbeitsblatt: Weitere Informationen
Stillarbeit	Arbeitsauftrag: Versuche, mit diesen Informationen die Fragen, die wir zu Anfang der Stunde gestellt haben, zu beantworten.
U'gespräch	Auswertung (orientiert am Fragenkatalog U'schritt 1) Arbeitsblatt 5 (innerer Teil vorgegeben) Erarbeitung von Schlußfolgerungen, Ergänzung des Arbeitsblattes 5
U'schritt 4: Vergleich der Informationen aus den Funden, Quellen und Texten mit der Darstellung im Asterix-Comic	
U'gespräch	Vergleich anhand der Stichworte aus U'schritt 2 (Nebentafel); auch als Hausaufgabe möglich.

Hausaufgabe:
Verfasse eine erfundene Tagebucheintragung eines römischen Soldaten, in der dieser seinen Tagesablauf schildert. Beziehe Dich in Deiner Schilderung auf die tatsächlichen Informationen dieser Stunde.
oder: Rekonstruktion einer „contubernia" in Kooperation mit dem Technik- / Werkunterricht
oder: In Vorbereitung auf die 8. Stunde, U'schritt 1:
Lösung des Buchstabenrätsels

Alternativen / Exkurse / Erweiterungen:
Alternative zu U'schritt 2:
Statt der Auflistung der Fundgegenstände können auch Darstellungen verwendet werden (Fundorte siehe Stundenbeschreibung) oder der gesamte U'schritt 2 findet als Museumsbesuch statt. Ein museumsdidaktisches Arbeitsblatt sollte vom Lehrer dazu angefertigt werden.

Kein Tafelbild

© Ernst Klett Verlage GmbH u. Co. KG, Stuttgart 1985. Alle Rechte vorbehalten.

8. Stunde: Römerstädte in Deutschland

Schwerpunkte / Problemstellungen:
- Entstehung und Funktion römischer Provinzstädte
- Die Rolle des Heeres bei den Städtegründungen
- Städtegründungen als Methode der Herrschaftsausübung durch die Römer in der Provinz

Unterrichtsmaterialien:
- Arbeitsblätter (Hektografien)
- Arbeitsblatt 6 (Kopiervorlage)
- Wandkarte bzw. Geschichtsatlas
- Lehrbuch
- Folie

U'formen	U'materialien und U'inhalte
U'schritt 1: Römerstädte in Deutschland – Lage und Gemeinsamkeiten	
	Buchstabenrätsel / Arbeitsblatt (Hinweis auf Leserichtungen!)
Stillarbeit	Erarbeitung der Namen der sechs Römerstädte (Trier, Koblenz, Regensburg, Augsburg, Köln, Mainz)
U'gespräch	Aufsuchen der Lage der Städte auf der Karte; Suche nach Gemeinsamkeiten der Lage Anschrieb Nebentafel: Alle Städte liegen – an Flüssen = Verkehrs- / Handelswege – im Hinterland (Ausnahme: Regensburg), d. h. grenzfern Funktion der Städte bei der Provinzerschließung?
Lehrerinformation	Gesprächsimpuls: Vier dieser Städte sind gleichzeitig Legionslager.
U'gespräch	Entwicklung einer Fragestellung: Gibt es vielleicht Zusammenhänge zwischen Heereskonzentrationen und Städtegründungen? (Fixierung an der Nebentafel)
U'schritt 2: Römische Provinzstädte – Gründungen des römischen Heeres mit stadtrömischem Gepräge	
	Arbeitsblatt 6 und Darstellungen aus Lehrbüchern (vgl. Stundenbeschreibung)
Stillarbeit	Arbeitsauftrag: Welche gemeinsamen Merkmale zeigen die Grundrisse?
U'gespräch	Auswertung (Anschrieb Nebentafel) Merkmale römischer Stadtgrundrisse: – geplante Grundrisse – rechtwinkliges Straßennetz – rechtwinklig sich kreuzende Hauptstraßenachsen – quadratische bzw. rechteckige Stadtanlage – z. T. Stadttore oder Stadtmauern

U'formen	U'materialien und U'inhalte
	Lehrbuch
U'gespräch	Vergleich der Grundrisse (Arbeitsblatt) mit der Anlage der Hauptstadt Rom Ergebnisse: Viele stadtrömische öffentliche Einrichtungen (Forum, Theater, Thermen, Tempel usw.) sind auch in den Provinzstädten zu finden.
U'schritt 3: Der funktionale Zusammenhang zwischen Heer, landwirtschaftlichen Gütern und Städtegründungen	
	Arbeitstext / Arbeitsblatt
Stillarbeit	Beantwortung der Arbeitsfragen Erwartete Schülerantworten: *zu 1:* berufliche Spezialisierung der Bewohner, Bildungsstand und Zivilisationsstufe, leistungsfähige Landwirtschaft *zu 2:* Heer spielte Schlüsselrolle bei der Stadtentstehung; es schuf die notwendigen Voraussetzungen und baute sie aus *zu 3:* Heer baut Straßen, Steinhäuser usw.; dadurch entstehen Städte, deren Bewohner das Heer und die landwirtschaftlichen Güter mit handwerklichen Produkten versorgen. Landgüter versorgen Heer und Städte mit Nahrungsmitteln Aus den Schülerantworten entsteht begleitend das Tafelbild.

© Ernst Klett Verlage GmbH u. Co. KG, Stuttgart 1985. Alle Rechte vorbehalten.

U'formen	U'materialien und U'inhalte
U'schritt 4: Fortbestand römischer Städtegründungen bis in die Gegenwart	
	Folienprojektion (Trier zur Römerzeit und um 1800)
U'gespräch	Gesprächsimpuls: Vergleicht beide Grundrisse und stellt Schlußfolgerungen an. Erwartete Schüleräußerungen (Anschrieb Nebentafel): – Trier liegt noch immer an derselben Stelle wie früher – Straßennetz teilweise verändert, teils aber immer noch identisch – Flußübergang spielt noch immer eine wichtige Rolle – römisches Trier größer als das Trier um 1800
	Ergebnis: Die römische Gründung Trier (Augusta Treverorum) besteht nur wenig verändert bis heute fort.

Hausaufgabe:
Suche weitere, heute noch bestehende Städte in Deutschland, die bereits zur Römerzeit gegründet wurden! (Hilfsmittel: Geschichtsatlas)

Alternativen / Exkurse / Erweiterungen:
U'schritt 4 entfällt, stattdessen erhalten die Schüler die Grundrisse von Trier als Hektografie und bearbeiten diese als Hausaufgabe (Aufgabenstellung siehe U'schritt 4)

Tafelbild

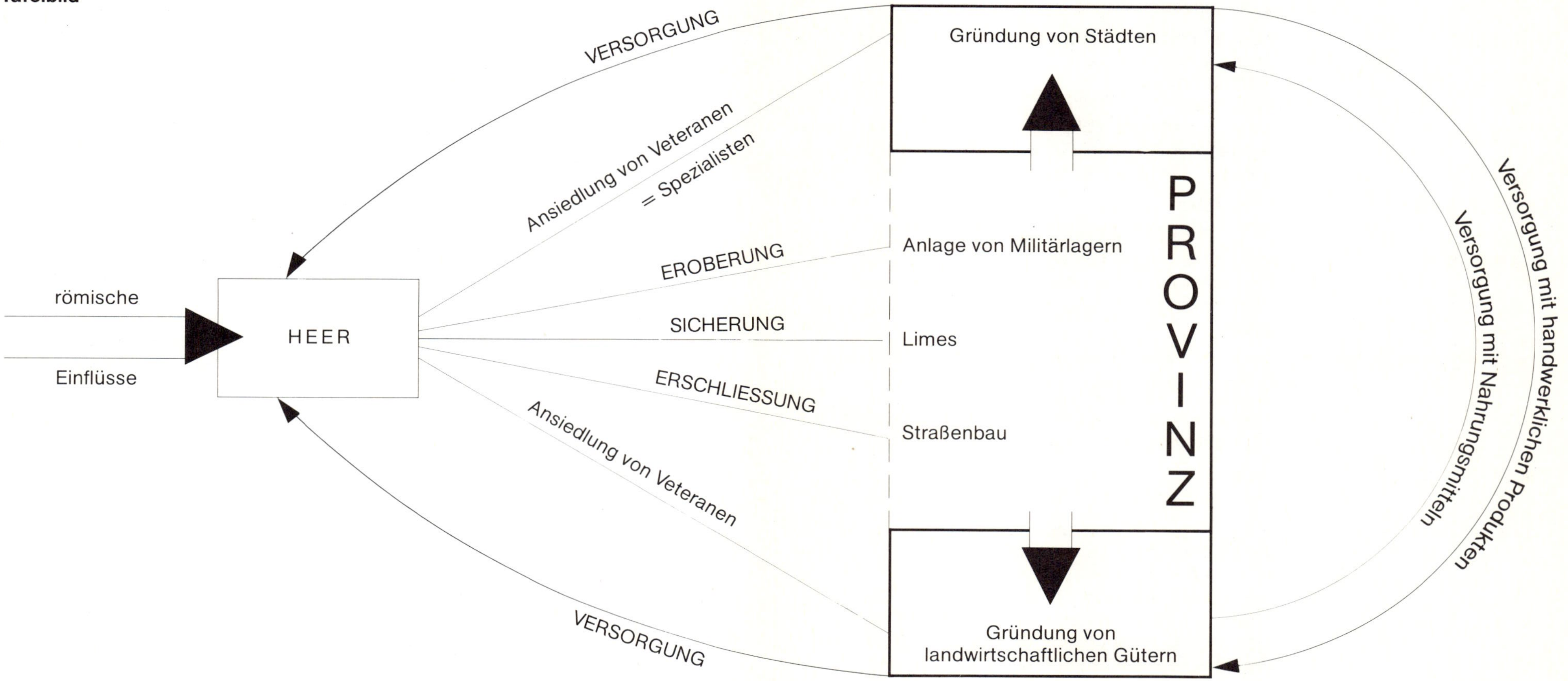

© Ernst Klett Verlage GmbH u. Co. KG, Stuttgart 1985. Alle Rechte vorbehalten.

11. Stunde: Römer und Germanen – die Begegnung zweier Kulturen

Schwerpunkte / Problemstellungen:
- Gegenseitige Beeinflussung von römischer und germanischer Kultur
- Begriffe: „Romanisierung" und „Kulturgefälle"
- Bereiche zivilisatorischer Einflüsse

Unterrichtsmaterialien:
- Arbeitsblatt 7 (Kopiervorlage)
- Arbeitstext (Hektografie)

U'formen	U'materialien und U'inhalte
U'schritt 1: Das Verhältnis Römer / Germanen	
	Arbeitsblatt 9./10. Stunde bildet den Ausgangspunkt (Folienprojektion möglich)
U'gespräch	Gesprächsimpuls: Wie könnte man die Lebens- und Wirtschaftsweise von Römern und Germanen charakterisieren und werten? Erwartete Schülerantwort: Die Römer sind den Germanen zivilisatorisch und kulturell überlegen. Problematisierung des Begriffs „Überlegenheit". (Worin äußert sich die „Überlegenheit" der Römer und die „Unterlegenheit" der Germanen?)
	Auswertung und Beginn des Tafelbildes: Römer: Handwerker, Kleinproduzenten, Händler / Kaufleute, Produktion für Handel und Ausfuhr Germanen: Jäger / Sammler, Ackerbauern, Viehzüchter, Produktion für Eigenbedarf
U'schritt 2: Kulturgefälle – Problematisierung des Begriffs	
U'gespräch	Problematisierung / Infragestellung der bisherigen Tafelkonzeption (Weshalb sind Römer und Germanen auf verschiedenen Ebenen angeordnet?) Erarbeitung der Begriffe „Kultur-" bzw. „Zivilisationsgefälle" Eintrag der Begriffe ins Tafelbild Weiterführende Frage / Gegenwartsbezug: – Gibt es heute ähnliche Zivilisationsgefälle? Erwartete Schüleräußerung: Zivilisationsgefälle zwischen Industrie- und Entwicklungsländern Frage: Worauf gründet sich die Überlegenheit der Industrieländer? Was können sie besser? Parallelisierung der Beispiele aus Gegenwart und Altertum

U'formen	U'materialien und U'inhalte
U'schritt 3: Die Komponenten der Romanisierung	
U'gespräch	Rückbesinnung auf die Filme der 9. und 10. Stunde (bzw. Arbeitsmaterial) Frageimpuls: In welchen Bereichen waren die Römer den Germanen konkret überlegen?
Weiterführung des Tafelbildes	– Baukunst – Produktionstechniken – Handwerkzeuge – Handwerke Weiterführende Frage: Welche Auswirkungen könnte diese Überlegenheit der Römer auf die Germanen gehabt haben?
Lehrerinformation	Durch Gegenwartsbezug (z. B. USA / Bundesrepublik Deutschland nach 1945 ⟶ Amerikanisierung), Einführung des Begriffs „Romanisierung" (Fixierung im Tafelbild)
U'schritt 4: Weitere Aspekte der Romanisierung	
	Arbeitsblatt 7
Stillarbeit	Die Schüler erarbeiten weitere Bereiche der Romanisierung auf den Gebieten Sprache, Kalender, Weinbaumethoden.
U'gespräch	Einarbeitung der Ergebnisse in das Tafelbild

© Ernst Klett Verlage GmbH u. Co. KG, Stuttgart 1985. Alle Rechte vorbehalten.

U'formen	U'materialien und U'inhalte
U'schritt 5: Gegenseitige Einflüsse	
U'gespräch	Gesprächsimpuls (Bezug auf Beispiel Entwicklungs- / Industrieländer aus U'schritt 2): Könnt ihr euch auch Einflüsse der Germanen auf die Römer vorstellen?
	Arbeitsblatt (Plinius an Columella)
Stillarbeit	Arbeitsfrage: Welche germanischen Einflüsse gingen auf die Römer über? Erwartete Schüleräußerungen: – Verbesserung der Ackerbaumethoden, Verbesserung der Pflüge usw. – Weiterentwicklung des Weinbaus Eintrag der Ergebnisse ins Tafelbild

Hausaufgabe:
Überlege, in welchen Bereichen unseres heutigen Lebens noch weitere römische Einflüsse erkennbar sind (Fremdworte, Baukunst, Recht)

Alternativen / Exkurse / Erweiterungen:
Im Anschluß an U'schritt 5 (Material siehe Stundenbeschreibung):
Germanische Elemente in heutigen deutschen Wochentagsbezeichnungen, Eigennamen, Flur- und Ortsnamen, die römischen Einflüssen standgehalten haben

Tafelbild

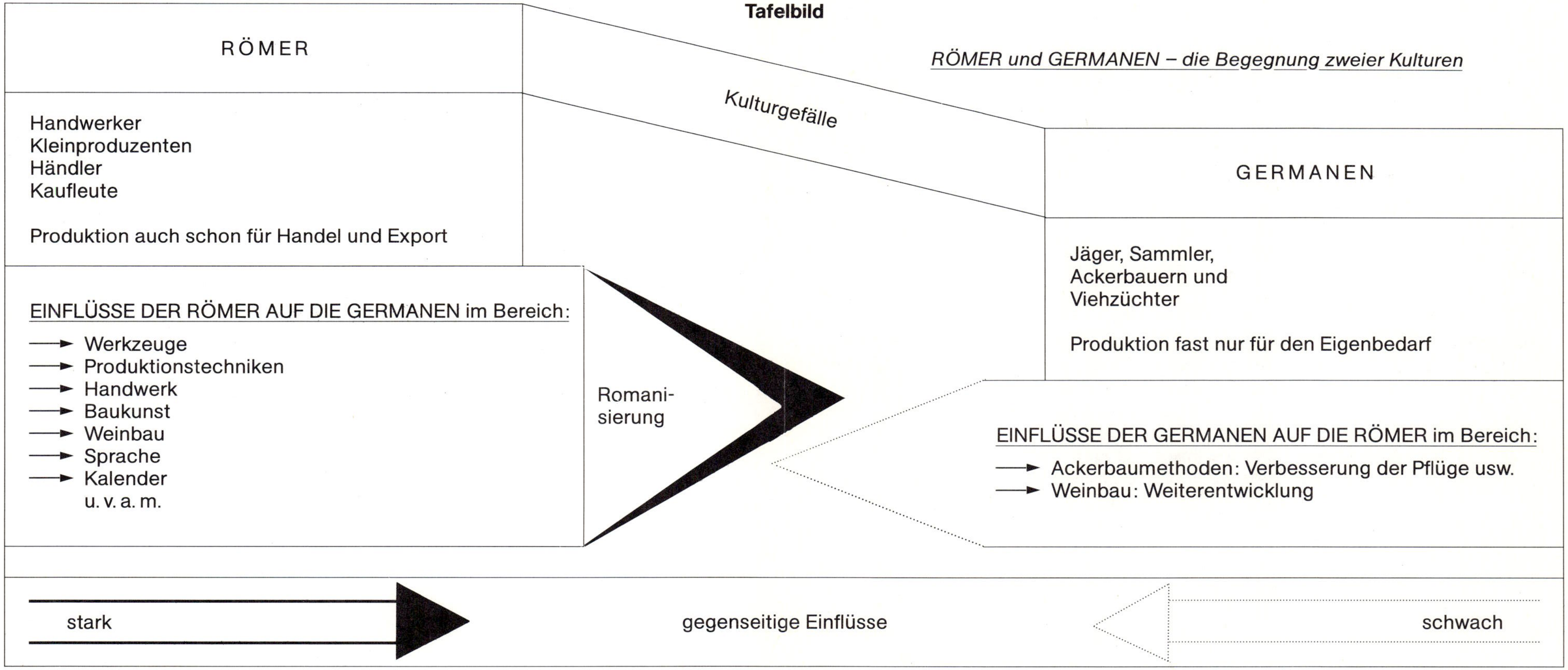

© Ernst Klett Verlage GmbH u. Co. KG, Stuttgart 1985. Alle Rechte vorbehalten.

12. Stunde: Das römische Weltreich gerät in die Krise

Schwerpunkte / Problemstellungen:
- Symptome der inneren und äußeren Schwäche des römischen Reiches
- Innen- und außenpolitische Veränderungen (1. – 3. Jh. n. Chr.)
- Wandel der Wirtschaftsbeziehungen zwischen Rom und den Provinzen

Unterrichtsmaterialien:
- Arbeitsblätter 8 und 9 (Kopiervorlagen)
- Folie
- Lehrbuch
- Wandkarte: Römisches Reich

U'formen	U'materialien und U'inhalte
U'schritt 1: Wirtschaftsbeziehungen zwischen Rom und den Provinzen	
Lehrervortrag	Speisefolge: Römisches Gastmahl Herkunftsländer der Speisen (Wandkarte)
U'gespräch	Gesprächsimpulse: – Welche Folgen ergeben sich (auch heute) für ein Land, das seine Nahrungsmittel einführt? (Wirtschaftliche Abhängigkeit) – Hat Rom schon immer seine Nahrungsmittel und Waren eingeführt? Lehrbuch (Karten) / Folie (Skizzen)
Stillarbeit	Arbeitsaufgabe: Welche Veränderungen in den Handelsbeziehungen zwischen Rom und den Provinzen sind erkennbar?
U'gespräch	Auswertung der Stillarbeit Beginn des Tafelbildes – wirtschaftliche Veränderungen – Folgen
U'schritt 2: Herkunft der römischen Kaiser 1. – 3. Jh.	
U'gespräch	Strukturfrage: Können diese wirtschaftlichen Veränderungen auch politische Folgen haben? Arbeitsblatt 8: Karte „Herkunft der römischen Kaiser"
Stillarbeit	Arbeitsaufgabe: – Untersuche die Herkunft der römischen Kaiser vom 1. – 3. Jh.. Arbeite die Veränderungen heraus.
U'gespräch	Auswertung der Stillarbeit Weiterführung des Tafelbildes: innenpolitische Veränderungen Gesprächsimpulse: – Welche Ursachen könnte die festgestellte Entwicklung haben? (Bürgerrechtsverleihung an Provinziale, zunehmende Gleichberechtigung der Provinzen, steigende wirtschaftliche Bedeutung der Provinzen) – Welche Folgen für den Bestand des Reiches hatten diese Entwicklungen? (Machtverlust Roms, Rückgang des ursprünglich römischen Einflusses auf die Reichsführung, Dezentralisierung der Macht) Weiterführung des Tafelbildes
U'schritt 3: Regierungsdauer und Legitimation der römischen Kaiser 1. – 3. Jh.	
	Arbeitsblatt 9: „Die römischen Kaiser 1. – 3. Jh."
Stillarbeit	Arbeitsfragen: – Welche Veränderungen hinsichtlich der Anzahl und der Regierungsdauer der Kaiser lassen sich vom 1. – 3. Jh. feststellen? – Wie wurden die jeweiligen Amtsinhaber im genannten Zeitraum römische Kaiser? – Welche Rolle spielt der Senat, welche das Heer bei der Amtseinsetzung? – Welche Veränderungen sind erkennbar? (häufige Ermordung der Kaiser im 2. und 3. Jh.)
U'gespräch	Auswertung der Stillarbeit Weiterführung des Tafelbildes: innenpolitische Veränderungen Gesprächsimpuls: – Welche Schlüsse auf die innenpolitische Stabilität sind zu ziehen? Weiterführung des Tafelbildes

© Ernst Klett Verlage GmbH u. Co. KG, Stuttgart 1985. Alle Rechte vorbehalten.

U'formen	U'materialien und U'inhalte
U'schritt 4: Innere und äußere Kriege Roms 1. – 3. Jh.	
	Arbeitsblatt 8: Graphik „Die Kriege der Römer 1. – 3. Jh. n. Chr."
Stillarbeit	Arbeitsaufträge / Fragen: – Beschreibe mit eigenen Worten die innere und äußere Lage des römischen Reiches im 1., 2. und 3. Jh. – Welche Schlußfolgerungen hinsichtlich der Stabilität der römischen Herrschaft liegen nahe?
U'gespräch	Auswertung der Stillarbeit Weiterführung des Tafelbildes: außenpolitische Veränderungen und Folgen
U'gespräch	Schlußbetrachtung Gesprächsimpuls: Wie läßt sich aus den bearbeiteten Informationen die Lage des römischen Weltreiches Ende des 3. Jh. mit einem kurzen Begriff beschreiben? (Krise, Niedergang, Verfall o. ä.) Abschluß des Tafelbildes

Alternativen / Erweiterungen:

U'schritt 1:
statt Einstieg über Lehrervortrag, Beginn der Stunde mit Zusatzinformation a) und b)

U'schritt 2 und 3:
Auswertung der Materialien in arbeitsteiliger Gruppenarbeit

U'schritt 4:
Erweiterungsmöglichkeit durch Karte „Standorte römischer Legionen an der Wende 1./2. Jh." (Fragen an die Geschichte I, S. 119, K7) oder Bearbeitung dieser Karte als Hausaufgabe

Tafelbild

DER WIRTSCHAFTLICHE UND POLITISCHE WANDEL DES RÖMISCHEN REICHES (1. – 3. Jh. n. Chr.)

Innenpolitische Veränderungen

- 1. Jh.: Kaiser stammen aus Italien
- 2. Jh.: Kaiser stammen aus den Westprovinzen
- 3. Jh.: Kaiser stammen aus den Ostprovinzen
- Amtszeit der Kaiser immer kürzer (v. a. 3. Jh.!)
- immer mehr Kaiser werden ermordet
- Zunahme innerer Kriege (3. Jh.)
- Bedeutungsverlust des Senats zugunsten des Heeres (Kaiserbestellung)

FOLGEN:

- Dezentralisierung der Macht
- innere Instabilität
- Selbstbewußtsein und Eigenständigkeit der Provinzen

Außenpolitische Veränderungen

- 3. Jh.: Rom führt nur noch Verteidigungskriege
- Heer = wichtigstes außenpolitisches Instrument

FOLGEN:

- Heer = zentraler innerer und äußerer Machtfaktor
- Zunehmender Druck an den Reichsgrenzen

Wirtschaftliche Veränderungen

- 1. Jh.: Rom = wirtschaftliches Zentrum
- 2. Jh.: Provinzen = eigenständige Zentren der Warenproduktion und -ausfuhr
- 3. Jh.: Rom verliert wirtschaftliche Bedeutung an die Provinzen

FOLGEN:

- Roms einst zentrale wirtschaftliche Rolle zerfällt

3. Jh. n. Chr.
Krise des römischen Weltreiches; beginnender innerer und äußerer Verfall

© Ernst Klett Verlage GmbH u. Co. KG, Stuttgart 1985. Alle Rechte vorbehalten.

13. Stunde:
Das Ende der römischen Besetzungsgeschichte Germaniens

Schwerpunkte / Problemstellungen:
- Rekonstruktion des römischen Rückzuges aus Obergermanien
- Aussagekraft archäologischer Einzelfunde für die Rekonstruktion historischer Vorgänge
- Ausmaß und Folgen des Alamannensturms der Jahre 259 / 60 n. Chr.

Unterrichtsmaterialien:
- Arbeitsblatt 10 (Kopiervorlage)
- Arbeitsblatt / Zeittafel (Hektografie)
- Wandkarte
- Folien
- Lehrbuch (Erweiterung)

U'formen	U'materialien und U'inhalte
U'schritt 1: Fragen an einen rätselhaften Fund	
Stillarbeit bzw. Lehrervortrag	Arbeitsblatt 10, T 1, bzw. Lehrervortrag „Fluchtgut oder Beute? Der römische Bronzefund von Neupotz" Wandkarte: Die Lage des Ortes Neupotz
U'gespräch	Erschließende Fragen: – Wer könnte der Besitzer der Fundgegenstände gewesen sein, wenn es sich um Fluchtgut, wer, wenn es sich um Beutestücke gehandelt hat? – Liefert die Funddatierung (2. Hälfte des 3. Jh.) einen Anhaltspunkt für diese Entscheidung? – Welche Interpretationen des Fundes von Neupotz läßt die Formulierung der Artikelüberschrift zu? Diskussion und Hypothesenbildung Mögliche Ergebnisse (Anschrieb Nebentafel): 1. Fluchtgut ⟶ Besitzer = Römer, Fluchtgrund? 2. Fluchtgut ⟶ Besitzer = Diebe (Römer? Germanen?) Fluchtgrund: Verfolgung durch rechtmäßigen Besitzer 3. Beute ⟶ Besitzer = Germanen. Wie kamen sie in den Besitz der römischen Gerätschaften? Arbeitsfrage: Welche Lösung ist zutreffend? (zu diesem Zeitpunkt nicht entscheidbar)

U'formen	U'materialien und U'inhalte
U'schritt 2: Des Rätsels Lösung	
	Arbeitsblatt 10, T 2 – T 5
Stillarbeit	Arbeitsfrage: Welche Auskünfte geben die Texte im Hinblick auf unsere Vermutungen? Wandkarte Aufsuchen der Lage der Orte, die in den Artikeln erwähnt werden
U'gespräch	Auswertung (Anschrieb Nebentafel): – In der 2. Hälfte des 3. Jh. wurden die Orte, die zwischen Rhein und Donau liegen, von Alamannenhorden (Germanen) überrannt und zerstört. – Der Fund von Neupotz ist mit diesen Vorgängen zeitgleich. d. h.: es verbleiben zwei Lösungsmöglichkeiten: 1. Fluchtgut ⟶ Besitzer = Römer auf der Flucht vor den Alamannen 2. Beutegut ⟶ Besitzer = Alamannen, die sich der Gegenstände bemächtigten, die von den Römern zurückgelassen wurden Folie / Photokopie: Karte „Münzschatzfunde" Arbeitsfragen: – Was ist auf der Karte dargestellt? – Was sind Münzschatzfunde? – Was sagt die Verteilung der Münzschatzfunde aus? – Welche Verbindungen gibt es zwischen unseren bisherigen Erkenntnissen in bezug auf die Funde von Neupotz und der Aussage dieser Karte? Ergebnis: Die Funde von Neupotz sind sehr wahrscheinlich Fluchtgut, welches Römern, die vor den Alamannen flüchteten, gehört hat.

© Ernst Klett Verlage GmbH u. Co. KG, Stuttgart 1985. Alle Rechte vorbehalten.

U'formen	U'materialien und U'inhalte
U'schritt 3: Der Verlauf der Alamanneneinfälle im 3. Jh. n. Chr.	
L'vortrag mit begleitender Tafelskizze	Zeittafel Schilderung der Germanen- /Alamanneneinfälle im 2. bis zur 2. Hälfte des 3. Jh. n. Chr. und der Gegenoffensiven der Römer. Ausblick: – ab Ende 3. Jh. bilden Donau und Rhein wieder die römische Reichsgrenze im Nordwesten – ab dem 5. Jh. Vertreibung der Römer aus nahezu der gesamten westlichen Reichshälfte (Völkerwanderung) ⟶ Zusammenbruch des westlichen Teils des römischen Weltreiches

Erweiterungen / Alternativen / Exkurse:

Zu U'schritt 3:

Statt einer Tafelskizze begleitet der Lehrer seinen Vortrag mit farbigen, übereinander zu legenden Einzelfolien.

Statt eines Lehrervortrags erarbeiten die Schüler nach den Angaben der Zeittafel selbst eine Handskizze der germanischen Angriffe und römischen Gegenoffensiven.

Erweiterung zu U'schritt 3:

Die Lage an den übrigen Grenzen des Reiches untersuchen (vgl. Stundenbeschreibung)

Tafelskizze

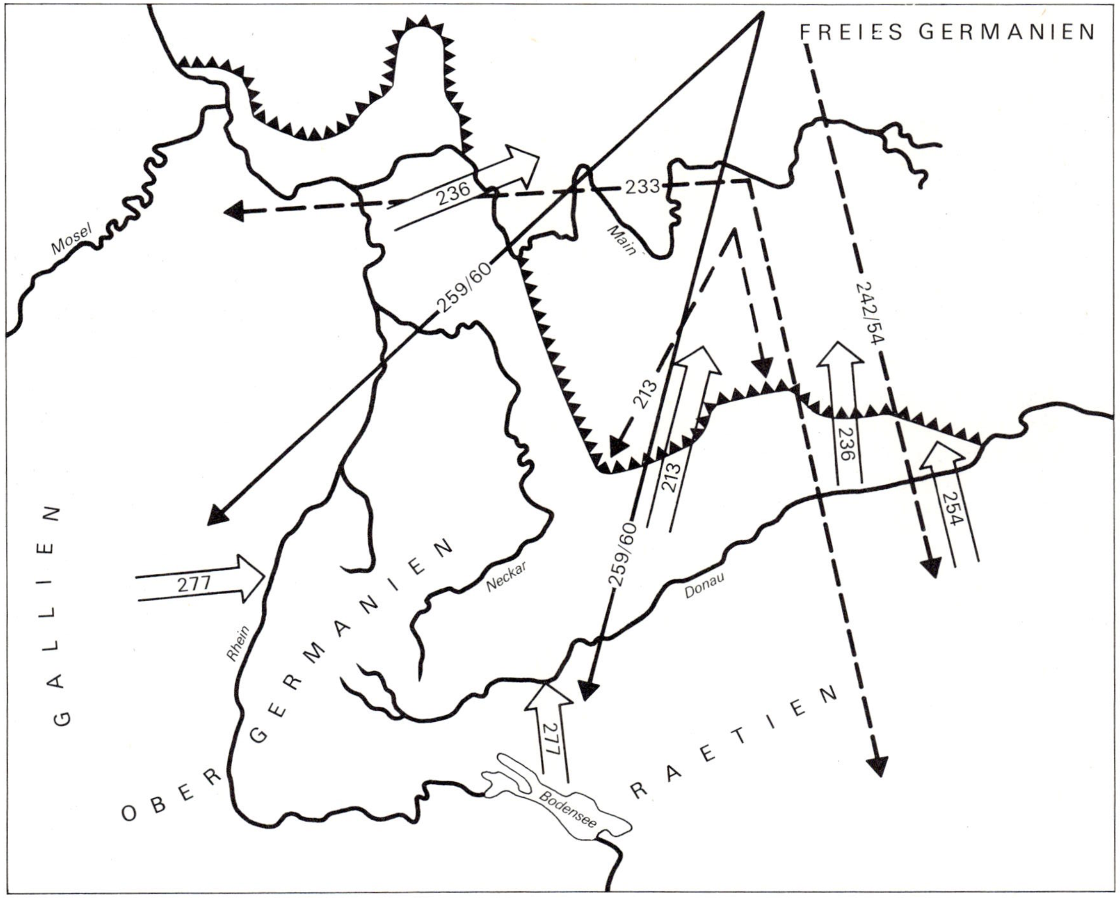

© Ernst Klett Verlage GmbH u. Co. KG, Stuttgart 1985. Alle Rechte vorbehalten.

Arbeitsblatt 1

Die Römer in Deutschland

Thema: Roms Vorstoß nach Germanien

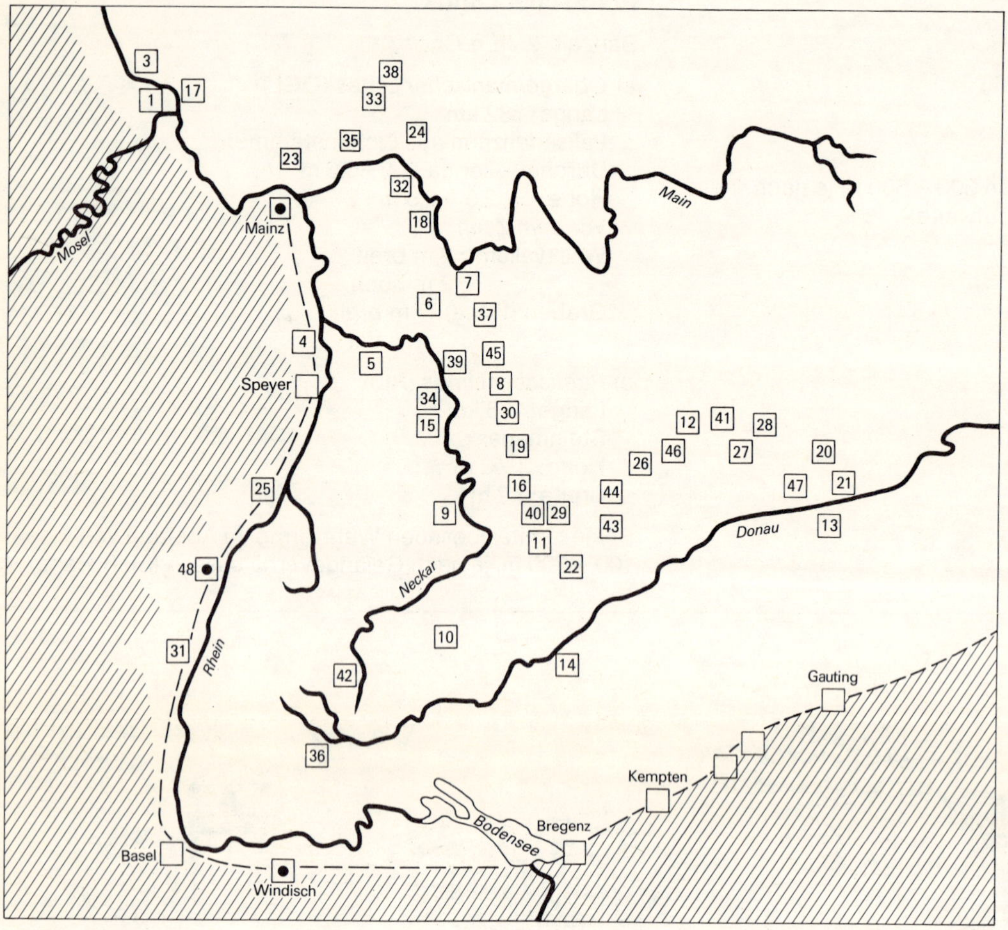

Legende:

Blau = Lager und Kastelle zwischen 41 – 54 n. Chr.

Grün = Lager und Kastelle zwischen 69 – 79 n. Chr.

Rot = Lager und Kastelle zwischen 83 – 85 n. Chr.

Orange = Lager und Kastelle des 2. Jh. n. Chr.

Arbeitsaufträge:

1. Male mit *blauer* Farbe aus und verbinde in dieser Reihenfolge:
   1, 4, 5, 25, 31, 36, 14, 13
2. Male mit *grüner* Farbe aus und verbinde in dieser Reihenfolge:
   48, 42, 10, 22, 43, 21
3. Male mit *roter* Farbe aus und verbinde in dieser Reihenfolge:
   3, 17, 23, 35, 33, 38, 24, 32, 18, 6, 39, 34, 15, 9, 11, 46, 27, 47
4. Male mit *oranger* Farbe aus und verbinde in dieser Reihenfolge:
   7, 37, 45, 8, 30, 19, 16, 40, 29, 44, 26, 12, 41, 28, 20
5. Beschreibe mit eigenen Worten, auf welche Weise und wann die Grenzen verschoben wurden. Stelle auf Grund Deines Arbeitsergebnisses Vermutungen über die Motive der Römer zu dieser Grenzverlagerung an.

Im Kaufpreis ist eine Gebühr für Kopien dieser Seite zur Ausgabe an Schüler enthalten. Ernst Klett Verlage GmbH u. Co. KG, Stuttgart.

Arbeitsblatt 2	Die Römer in Deutschland

Thema: Die Funktionen des römischen Limes

A. Chinesische Mauer

Bauzeit: ab 2. Jh. v. Chr.
Länge: ca. 6000 km
Höhe: ca. 9 – 10 m
Breite: Sockel 6 m
Krone 5 m
Wehrtürme im Abstand von 300 – 500 m je nach Geländeverhältnissen (Sichtweite)

Römischer Limes

Bauzeit: 2. Jh. n. Chr.

a) *Obergermanischer Limes* (OGL)
Länge: 382 km
Palisadenzaun aus Eichenstämmen,
Durchmesser ca. 0,4 – 0,6 m
Höhe: ca. 2,5 – 3,0 m
Vor dem Zaun:
Wall (vallum): 2 m breit
2 m hoch
Graben (fossa): 7 m breit
2 m tief

b) *Raetischer Limes* (RL)
Länge: 166 km
Steinmauer
Höhe: 2 – 3 m
Breite: 1,2 m

Beide Limites besaßen Wehrtürme im Abstand von 100 – 300 m, je nach Geländeverhältnissen (Sichtweite).

B.

(aus: Baatz. D.: Der römische Limes, Berlin 1974, S. 40 und 42)

C. Arbeitsaufträge:

1. Beschrifte die beiden oben (B) abgebildeten Limesbilder mit Maßen und entsprechenden Bezeichnungen!
2. Zeichne je einen Querschnitt durch die chinesische Mauer und den raetischen Limes (1 m = 1 cm)! Zeichne jeweils ein 1,60 m großes Strichmännchen zum Vergleich daneben (= Größe eines römischen Soldaten)!
3. Beurteile beide Mauern in ihrer Funktion als Instrumente der militärischen Grenzverteidigung!

Im Kaufpreis ist eine Gebühr für Kopien dieser Seite zur Ausgabe an Schüler enthalten. Ernst Klett Verlage GmbH u. Co. KG, Stuttgart. Beilage zu 927841

Arbeitsblatt 3

Die Römer in Deutschland

Thema: Lager und Kastelle des römischen Heeres

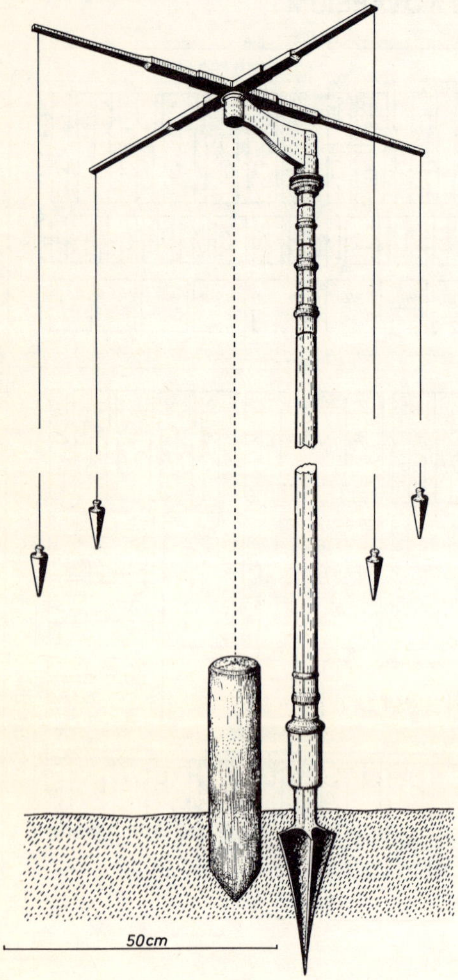

Arbeitsaufträge / Fragen:

Solche Geräte wurden immer wieder besonders in römischen Militärlagern gefunden, sie heißen „groma".

1. Betrachte die „groma" und überlege, wozu dieses eigenartige Gerät gedient haben könnte.
2. Weshalb hat man „gromae" wohl sehr oft gerade in Militärlagern gefunden?
3. Welche weiteren Verwendungsmöglichkeiten für eine „groma" fallen Dir noch ein?

(Abb. aus: Filtzinger, Philipp: Limesmuseum Aalen, 2 1975, S. 143)

Beschreibung einer „groma":

Funktion einer „groma":

Im Kaufpreis ist eine Gebühr für Kopien dieser Seite zur Ausgabe an Schüler enthalten. Ernst Klett Verlage GmbH u. Co. KG, Stuttgart. Beilage zu 927841

Arbeitsblatt 4	**Die Römer in Deutschland**

Thema: Lager und Kastelle des römischen Heeres

Kastell Künzing QUINTANA

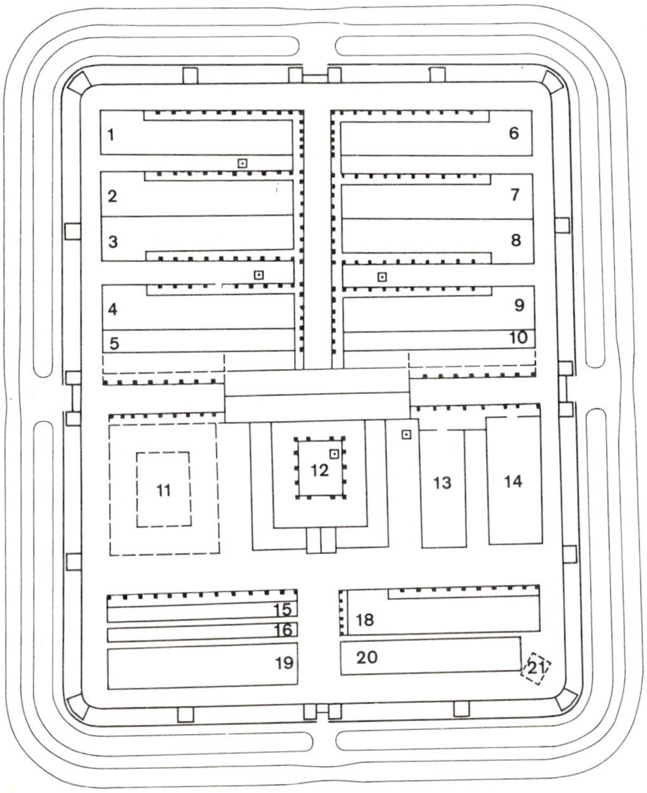

(aus: Schönberger, H., Das augusteische Römerlager Rödgen und die Kastelle Oberstimm und Künzing, in: Ausgrabungen in Deutschland Teil 1, 1975, S. 378)

Kastell Neuss NOVAESIUM

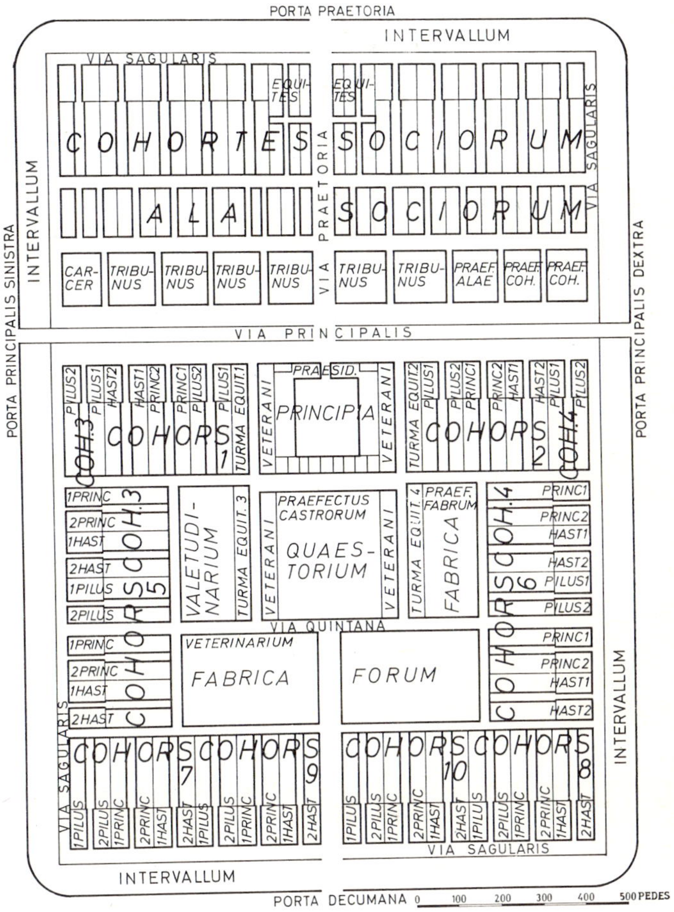

(aus: Filtzinger, Ph.: Limesmuseum Aalen, [2]1975, S. 141)

Einige Daten beider Kastelle

Künzing		*Neuss*
158 m	Länge	570 m
125 m	Breite	432 m
1,96 ha	Fläche	24,62 ha
6 Zenturien + 4 Turmen = ... Mann	Besatzung a) Zahl	10 Kohorten + 4 Turmen = ... Mann
	b) Art	

Arbeitsaufträge:

1. Vergleiche die Größe beider Lager und stelle fest, wo sie liegen (Karte, z. B. Putzger, S. 38/39).
2. Ermittle aufgrund der Angaben über die jeweilige Kastellbesatzung deren ungefähre Stärke und um welche Art von Soldaten es sich jeweils dabei handelt.
3. Arbeite heraus, worin sich Grundrisse und Bebauung beider Lager ähnlich sind oder gleichen und welche Unterschiede es gibt.

Thema: Das Leben des römischen Legionärs im Provinzialheer

Der römische Legionär und seine Funktionen (Schlußfolgerungen aus archäologischen Funden und Quellen)

Fundgegenstände einer Ausgrabung in einer Mannschaftsbaracke eines römischen Kastells

SCHLUSSFOLGERUNGEN	Fundgegenstände	SCHLUSSFOLGERUNGEN
Die Soldaten verbrachten ihre Freizeit im Kastellbad, das sich im angrenzenden Lagerdorf (Vicus) befand.	Schabeisen Salbfläschchen Holzpantoffeln	
Die anfallenden handwerklichen Arbeiten innerhalb des Lagers wurden von den Soldaten selbst ausgeführt. Soldaten waren oder wurden also ausgebildete Handwerker. Zum Kastell gehörten Ziegeleien, Steinbrüche und eine Töpferei.	Ziegelstempel mit Legionszeichen Meißel Hammer Zangen Beile Stechzirkel	
	Waffen und Ausrüstungsgegenstände: Speer, Helm, Kettenpanzer, Schwert, Dolch, Beinschienen	*Die Soldaten besaßen Nahkampf- und Distanzwaffen (Dolch, Schwert bzw. Speer). Sie trugen im Kampf einen Helm sowie eine Panzerung an Körper und Beinen.*
	Grundriß einer Mannschaftsbaracke	*Jeweils 8 Soldaten einer Zenturie lagen auf engstem Raum in einer Stube. Der Zenturio wohnte in einer größeren Stube am Ende der Mannschaftsbaracke und beaufsichtigte die Soldaten.*
Die Soldaten bestellten die Äcker um das Kastell und verrichteten Schanzarbeiten.	Hacken Spaten	
In ihrer Freizeit spielten die Soldaten Würfel- und Glücksspiele und besuchten die Wirtshäuser im Lagerdorf.	Spielsteine Würfel	
	Handmühlen Löffel, Becher Tongeschirr	*Jede Stube enthielt eine Feuerstelle (Heizung und Kochplatz). Die Soldaten kochten und verpflegten sich selbst. Grundnahrungsmittel wurden gestellt, aber vom Sold abgezogen.*

Im Kaufpreis ist eine Gebühr für Kopien dieser Seite zur Ausgabe an Schüler enthalten. Ernst Klett Verlage GmbH u. Co. KG, Stuttgart.

Arbeitsblatt 6

Die Römer in Deutschland

Thema: Römerstädte in Deutschland

Köln zur Römerzeit (Grundriß)

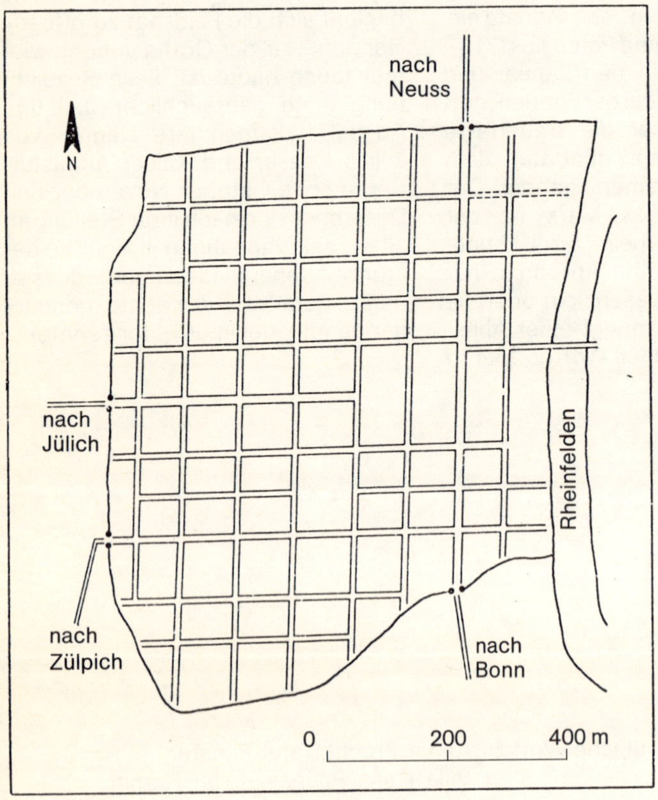

Regensburg – antiker und moderner Grundriß

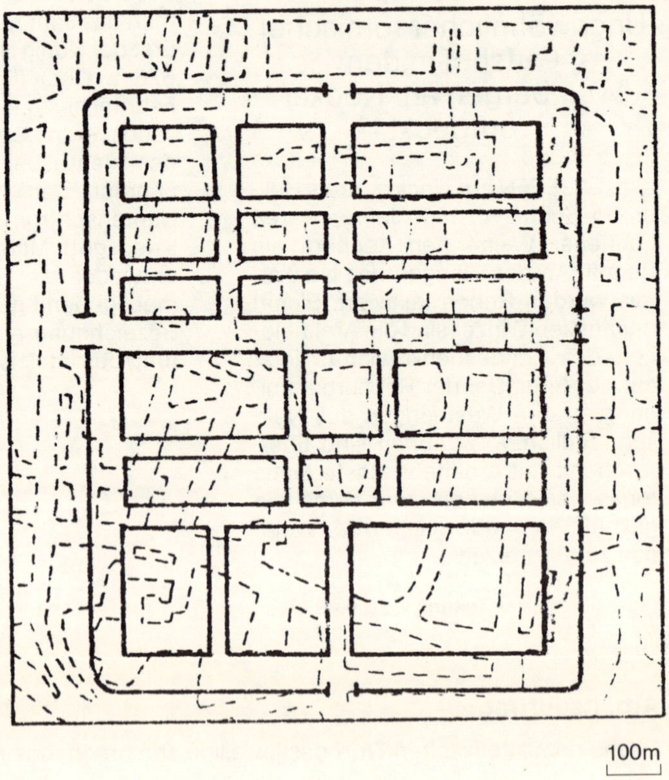

(Abb. aus: Haversath, J.-B.: Städte im Römischen Deutschland, in: Geographie im Unterricht 7/1982, Nr. 4)

Fragen:

1. Was fällt Dir an den römischen Stadtplänen auf?
2. Wie verlaufen die Straßen?
3. Vergleiche die Pläne von Regensburg in der Antike und heute! Was kannst Du feststellen?

Im Kaufpreis ist eine Gebühr für Kopien dieser Seite zur Ausgabe an Schüler enthalten. Ernst Klett Verlage GmbH u. Co. KG, Stuttgart.

Thema: Römer und Germanen – die Begegnung zweier Kulturen

Lauffener war schon Römern ein Begriff

Ungewöhnlicher römischer Gutshof in den Weinbergen am Neckar entdeckt

dka. LAUFFEN am Neckar, Kreis Heilbronn. Schon vor 1800 Jahren waren Lauffener Weine den Kennern ein Begriff. An den Hängen des Neckartals wurden Reben kultiviert. Einem der antiken Winzer sind die Archäologen des Landesdenkmalamts jetzt auf der Spur. Bei der Rebflurbereinigung an den Westhängen des Neckars südlich von Lauffen sind überraschend gut erhaltene Reste eines römischen Gutshofs zum Vorschein gekommen. Funde belegen den Weinbau zur Römerzeit.

(aus: Stuttgarter Zeitung v. 26. 6. 1978)

Woher unsere Monatsnamen stammen

Zur Zeit der römischen Könige teilte man das Jahr nur in zehn Monate ein. Erst der König Numa Pompilius (715–673 v. Chr.) fügte den Januar und Februar hinzu, wobei der Friedensgott Janus dem Januar, die Trauerfeste des Jahresbeginns (Februa) dem Februar den Namen gaben. Der Namenspatron des März ist der Kriegsgott Mars, beim April könnte entweder die Göttin Aphrodite namensgebend gewesen sein oder die Bezeichnung entspringt einer Ableitung des lateinischen Wortes aperire (öffnen – in diesem Monat im Frühling beginnt sich die Feldsaat zu öffnen). Der Juni war der Göttin Juno gewidmet (auch heute ist diese Bezeichnung noch gebräuchlich). Juli und August bekamen ihre Namen von Julius Caesar und Kaiser Augustus. September, Oktober, November und Dezember sind nach ihrer Stellung im alten, zehnmonatigen Kalender der Frühzeit benannt (septimus – der siebente, octavus – der achte, nonus – der neunte, decimus – der zehnte).

Arbeitsauftrag:

Ordne dem lateinischen Wort das jeweilige entsprechende deutsche Wort zu: Kanal, Frucht, Tafel, Fenster, Villa, Rose, Pflanze, Keller, Kamin, Korb, Familie, Karren, Pforte / Portal, sieben

carrus

rosa

fenestra

canalis

fructus

cellar

septem

villa

planta

tabula

corbis

caminus

familia

porta

Im Kaufpreis ist eine Gebühr für Kopien dieser Seite zur Ausgabe an Schüler enthalten. Ernst Klett Verlage GmbH u. Co. KG, Stuttgart.

Thema: Das römische Weltreich gerät in die Krise

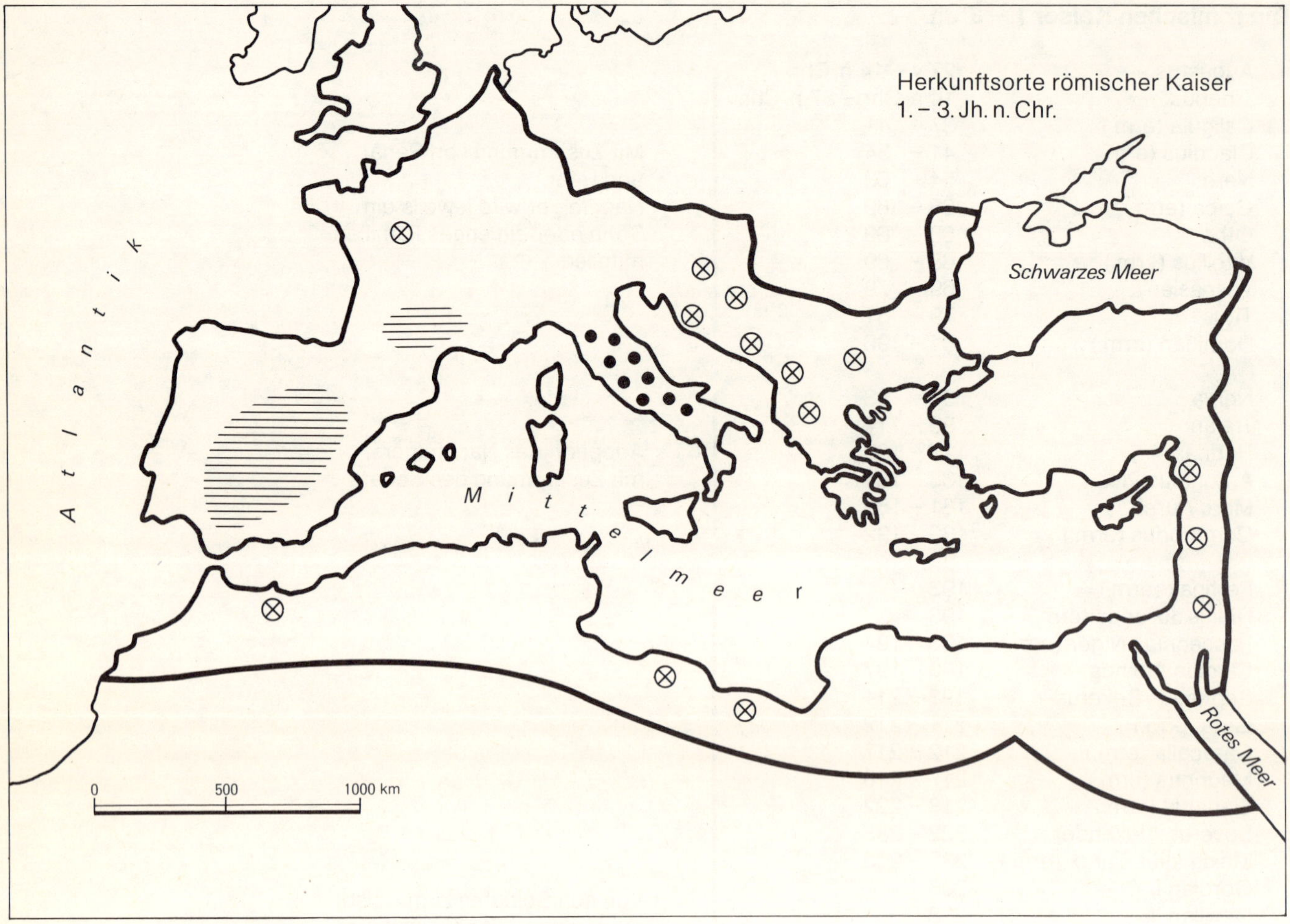

● Herkunftsorte römischer Kaiser des 1. Jh. n. Chr.

▤ Herkunftsorte römischer Kaiser des 2. Jh. n. Chr.

⊗ Herkunftsorte römischer Kaiser des 3. Jh. n. Chr.

Arbeitsfrage:

Was läßt sich aus der Karte über die Herkunft der römischen Kaiser in den verschiedenen Jahrhunderten ersehen? Welche Schlüsse ziehst Du daraus?

Die Kriege der Römer 1. – 3. Jh. n. Chr.

1. Jh.										2. Jh.										3. Jh.									
A				A		X	A				A				V	V		V	X	V	X V	X	X V	X V	X	X V	X V	V	

X = Kriege im Reichsinnern
A = Kriege nach außen (Angriff der Römer)
V = Kriege nach außen (Verteidigung der Römer)

Arbeitsauftrag / Frage:

1. Beschreibe mit Deinen Worten die äußere und innere Lage des römischen Reiches im bezeichneten Zeitraum.
2. Welche Schlußfolgerungen ziehst Du aus der Graphik im Hinblick auf die Stabilität der römischen Herrschaft?

Im Kaufpreis ist eine Gebühr für Kopien dieser Seite zur Ausgabe an Schüler enthalten. Ernst Klett Verlage GmbH u. Co. KG, Stuttgart.

Arbeitsblatt 9

Die Römer in Deutschland

Thema: Das römische Weltreich gerät in die Krise

Die römischen Kaiser 1. – 3. Jh.

Augustus	27 v. – 14 n. Chr.	Mit Zustimmung von Senat und Heer Nachfolger wird jeweils ein Sohn oder ein enges Familienmitglied
Tiberius	14 n. Chr. – 37 n. Chr.	
Caligula (erm.)	37 – 41	
Claudius (erm.)	41 – 54	
Nero	54 – 68	
Galba (erm.)	68 – 69	
Otho	68 – 69	
Vitellius (erm.)	68 – 69	
Vespasian	69 – 79	
Titus	79 – 81	
Domitian (erm.)	81 – 96	
Nerva	96 – 98	Adoption des Nachfolgers, mit Zustimmung des Senats
Trajan	98 – 117	
Hadrian	117 – 138	
Antoninus Pius	138 – 161	
Marc Aurel	161 – 180	
Commodus (erm.)	180 – 192	
Pertinax (erm.)	193	Von den Soldaten zum Kaiser ausgerufen (oftmals weit weg von Rom, an irgendeiner Grenze, daher mehrfach 2 – 3 Kaiser gleichzeitig) Keine Mitwirkung des Senats in Rom mehr
Didius Julianus (erm.)	193	
Pescennius Niger (erm.)	193 – 194	
Clodius Albinus	193 – 197	
Septimius Severus	193 – 211	
Geta (erm.)	211 – 212	
Caracalla (erm.)	212 – 217	
Macrinus (erm.)	217 – 218	
Elagabal (erm.)	218 – 222	
Severus Alexander	222 – 235	
Maximinius Thrax (erm.)	235 – 238	
Gordian I.	238	
Gordian II.	238	
Balbinus (erm.)	238	
Pupienus (erm.)	238	
Gordian III. (erm.)	238 – 244	
Philippus Arabs (erm.)	244 – 249	
Decius	249 – 251	
Trebonianus Gallus (erm.)	251 – 253	
Volusianus (erm.)	251 – 253	
Aemilianus (erm.)	253	
Valerianus	253 – 260	
Gallienus (erm.)	260 – 268	
Claudius II.	268 – 270	
Aurelianus (erm.)	270 – 275	
Tacitus (erm.)	275 – 276	
Probus (erm.)	276 – 282	
Carus (erm.)	282 – 283	
Numerianus (erm.)	283 – 284	
Carinus (erm.)	283 – 285	

(erm.) = ermordet

Arbeitsauftrag / Frage:

1. Betrachte die Tabelle mit den Namen der Kaiser, stelle fest, was sich vom 1. bis zum 3. Jh. verändert.
2. Welche Schlüsse ziehst Du aus Deinen Beobachtungen?

Im Kaufpreis ist eine Gebühr für Kopien dieser Seite zur Ausgabe an Schüler enthalten. Ernst Klett Verlage GmbH u. Co. KG, Stuttgart.

Thema: Das Ende der römischen Besetzungsgeschichte Germaniens

T 1

Fluchtgut oder Beute?

Der römische Bronzefund von Neupotz

Seit etwa 15 Jahren kommen bei Baggerarbeiten in einem Kieswerk im südpfälzischen Neupotz (Kreis Germersheim) immer wieder römische Bronzegefäße, eiserne Werkzeuge und Teile von Fuhrwerken zutage. Nachdem sich vor drei Jahren diese Funde häuften, liegen derzeit etwa 170 Bronzegefäße und über 700 eiserne Gegenstände vor. Es handelt sich um den größten römischen Metallfund dieser Art nördlich der Alpen.

Ein Teil des Fundes besteht aus Koch- und Serviergeschirr, das in jedem größeren römischen Haushalt der Kaiserzeit verwendet wurde. Es handelt sich dabei u. a. um kleine und große Kochkessel, verschiedene Becken, Kellen und Siebe, Kannen, Teller, Tassen und Servierplatten. Zum Teil sind die Gefäße auf dem Boden mit dem eingekratzten Besitzernamen versehen.

Es stellt sich die Frage, wie dies alles in den Kies eines heute verlandeten Rheinarms gelangt ist. Nach der Datierung und den Fundumständen – die kleineren Gefäße waren in große Bronzekessel hineingestapelt – muß das Material in der zweiten Hälfte des 3. Jahrhunderts n. Chr. über den Rhein transportiert worden sein. Hierbei ist es wohl zu einer Katastrophe gekommen: Das Floß oder das Schiff, auf dem die Waren verladen waren, kenterte, und die Besitzer hatten keine Möglichkeit, ihr Eigentum zu retten.

(aus: NWZ v. 23. 7. 1983)

Arbeitsfrage:
Welche Auskünfte geben die Texte im Hinblick auf unsere Vermutungen?

Im Kaufpreis ist eine Gebühr für Kopien dieser Seite zur Ausgabe an Schüler enthalten. Ernst Klett Verlage GmbH u. Co. KG, Stuttgart.

T 2

Ausgrabungen in einem römischen Gutshof bei Lauffen

Ganz ungewöhnlich an dieser villa rustica ist die Lage auf einer Terrasse über dem Neckartal inmitten von Weinbergen. Der Besitzer, der sich hier nach dem Jahre 150 auf dem abfallenden Gelände ein Wohnhaus mit beheizbaren Räumen und einem in den anstehenden Felsen eingetieften „Kühlfach" im Keller erbaut hatte, muß von seiner Loggia einen herrlichen Blick auf den Fluß hinab genossen haben, auf dem die römischen Schiffer mit ihren breiten und flachen Kähnen neckarabwärts fuhren. Ihnen galt das schmucke Haus in der Höhe mit den weißverputzten Wänden und dem roten Fugenstrich als vertraute Landmarke. Bald ist dem Gutsherrn sein elf mal acht Meter großes Haus zu klein geworden. Mit dem Anbau hangaufwärts vergrößerte er es aufs Dreifache.

Einen Vorgängerbau aus Holz hat nur das jüngste der Herrenhäuser besessen. Alle anderen Gebäude sind von Anfang an in Stein errichtet worden. Ein Brand hat das älteste Wohnhaus zerstört, das für den umgezogenen Gutsherrn wohl noch die Funktion einer „Sommerresidenz" behielt. Die anderen Gebäude scheinen einfach verlassen worden zu sein, als rund 100 Jahre nach der ersten Ansiedelung, die Hofbesitzer-(oder Pächter-)Familie mit ihrem zahlreichen Anhang vor den Germanen floh.

(aus: Stuttgarter Zeitung v. 26. 6. 1978)

T 3

Walheim war einst eine wichtige Römersiedlung am Neckar gewesen

Kastelldorf unter der B 27

Weiter westlich war ein großes Steingebäude gestanden, von dem nur ein Teil untersucht werden konnte. 15 Meter ist es mindestens lang. Vom Baustil und der außergewöhnlichen Ausstattung her ist es keines von den in Kastelldörfern sonst üblichen Langhäusern gewesen, in denen Händler und Handwerker wohnten und arbeiteten. Der gutsherrenhausähnliche, repräsentative Sitz muß einer nicht unbedeutenden Walheimer Persönlichkeit gehört haben. Das Haus besaß einen sauber gemauerten Keller mit vollständig erhaltenen Fenstergewänden und – was ungewöhnlich ist – holzverschalten Nischen. Auf dem Boden des Kellers standen Wein- und Ölamphoren. Der Römerkeller hatte eine Decke aus Holz. Wo die Balken aufgelegen hatten, konnten die Archäologen noch genau erkennen. Im Süden und Westen lagen neben dem Steinkeller im Erdgeschoß des Römerhauses Wohnräume mit Estrichböden. Nach den Funden im Keller zu schließen, ist das Römerhaus im 3. Jahrhundert bis zum Alamanneneinfall benützt worden.

(aus: Stuttgarter Zeitung v. 30. 6. 1982)

T 4

Ausgrabungen einer römischen Villa fast beendet

Die Grabungsarbeiten des Landesamtes für Denkmalpflege in Augsburg auf dem römischen Gutshof bei Utzmemmingen in der Nähe von Bopfingen gehen nach einem Jahr jetzt ihrem Ende entgegen. Die etwa 26 mal 22 Meter große Villa wurde nach Aussage von Grabungsleiter Karl-Heinz Henning im Jahre 117 nach Christus bewohnt. An den Grundmauern, (...) sind starke Brandmerkmale zu sehen, deshalb ist anzunehmen, daß der Gutshof durch einen Alamannen-Angriff im dritten Jahrhundert zerstört wurde.

(aus: Stuttgarter Zeitung v. 26. 7. 1976)

T 5

Götterstatuen aus einem Brunnen geborgen

Bei der Bedeutung des römischen Walheim und des gehobenen Lebensstandards seiner Einwohner nimmt es nicht wunder, daß auch die Kunst hier eine Heimstatt besaß. Aus einem tiefen Römerbrunnen bargen Grabungstechniker Eugen Stauß und sein Team in diesem Jahr etwa 30 verschiedene Götterbilder, Fragmente von Sandsteinskulpturen, die zum Teil von hoher künstlerischer Qualität sind.

All diese Götterbilder sind von den Alamannen, als sie um 260 den Limes überrannten und auf ihren Streifzügen auch nach Walheim kamen, zerstört und dann in den Brunnen geworfen worden. Vor allem die Köpfe schlugen sie den Gottheiten ab, zum Zeichen, daß ihre germanischen Götter über jene fremden gesiegt hatten, die die keltisch-römische Bevölkerung verehrte. dka

(aus: Stuttgarter Zeitung v. 18. 11. 1983)

Im Kaufpreis ist eine Gebühr für Kopien dieser Seite zur Ausgabe an Schüler enthalten. Ernst Klett Verlage GmbH u. Co. KG, Stuttgart.

Stundenblätter

Geschichte/Gemeinschaftskunde

Sekundarstufe II

Blumenthal, Hans Ulrich/
Schlenker, Michael
Industrielle Revolution und Soziale Frage
Klettbuch 927621

Deichmann, Carl
Politische Parteien
Klettbuch 927551

Emde, Reimund
Soziale Ungleichheit
Klettbuch 927741

Göbel, Walter
Deutschlandpolitik im internationalen Rahmen
Klettbuch 927671

Größl, Wolf-Rüdiger/
Herrmann, Harald
Die Russische Revolution und die innere Entwicklung der Sowjetunion bis zum XX. Parteitag
Klettbuch 927651

Größl, Wolf-Rüdiger/
Herrmann, Harald
Das Dritte Reich – Beispiel eines faschistischen Staates
Klettbuch 927721

Maier, Gerhart/
Müller, Hans Georg
Die Weimarer Republik
Klettbuch 927121

Mühlhoff, Friedbert/
Reinhardt, Sibylle
Rollentheorie
Dahrendorfs „Homo Sociologicus" in der Sekundarstufe II
Klettbuch 927541

Reimer, Manfred
Internationale Wirtschaftsbeziehungen – Währungspolitik in der westlichen Welt
Klettbuch 927733

Scholdt, Günter
Deutschland nach 1945
Klettbuch 927691

Schulreich, Heimo
Die Entwicklung des Parlamentarismus in Deutschland 1848–1918
Klettbuch 927521

Stundenblätter Geschichte/Gemeinschaftskunde

Sekundarstufe I

Becker, Horst
Recht
Klettbuch 927781

Geisler, Siegmund/
Winkler, Andreas
Sicherheitspolitik
Klettbuch 927181

Greber, Ludwig/
Wurster, Karl-Heinz
Die Französische Revolution
Klettbuch 927631

Hagen, Thomas
Die Entwicklung in Deutschland 1815–1850
Klettbuch 927761

Jösel, Martin
Alexander der Große/ Die Diadochenreiche/ Alexandria
Klettbuch 927771

Lehle, Stephan
Kommunalpolitik
Klettbuch 927641

Maier, Gerhart/
Müller, Hans Georg
Der Absolutismus
Klettbuch 927111

Meyer, Horst /
Winkler, Andreas
DDR
Klettbuch 927792

Müller, Hartmut
Imperialismus und Erster Weltkrieg
Klettbuch 927681

Müller, Hartmut
Der Nationalsozialismus: Die große Täuschung
Klettbuch 927531

Steigerthal, Hans-Joachim
Reformation und Gegenreformation/ Glaubenskriege
Klettbuch 927711

Waag, Gertrud
Arbeits- und Produktionsformen – Von der Steinzeit zur Industrialisierung
Klettbuch 927751